AF131261

Savoir traduire les homonymes français en contexte

Stella Carpentier

Dictionnaire Français - Anglais

savoir traduire les homonymes français en contexte

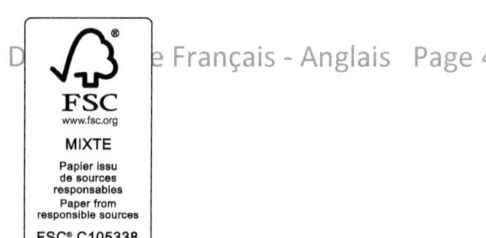

FSC
www.fsc.org
MIXTE
Papier issu
de sources
responsables
Paper from
responsible sources
FSC® C105338

© 2017, Carpentier, Stella
Edition : Books on Demand,
12 / 14 rond point des champs Elysées, 75008 Paris
Impression : BoD - Books on Demand Norderstedt, Allemagne
ISBN : 9782322081318
Dépôt légal : août 2017

Savoir traduire les homonymes français en contexte

Stella Carpentier

Dictionnaire Français – Anglais

savoir traduire les homonymes français en contexte

Du même auteur :

Vocabulaire anglais facile et mnémotechnique
2013
Editions BOD
ISBN 9782322038008

Savoir traduire les homonymes en contexte :

Comment bien traduire les homonymes français dans la langue anglaise ?

On ne traduit pas avec les mêmes mots anglais les homonymes français puisque lchaque sens est différent et se comprend dans son contexte.

Par exemple on traduit le mot but différemment dans la phrase « le footballer a marqué un beau but » et dans la phrase « son but est de jouer au football » et que dire dans « le but du footballer est de marquer des buts ».

Idem pour la phrase « dans un ménage, qui fait généralement le ménage ? »

L'intérêt de ce dictionnaire est de pouvoir trouver rapidement et facilement la bonne traduction d'un homonyme français en anglais, selon le contexte dans lequel il est utilisé.
Il sera particulièrement utile aux collégiens, lycéens et étudiants qui veulent sécuriser leurs traductions.

Il contient :

-Plus de 3200 homonymes français

-De 2 à 12 entrées par homonyme

-Plus de 10 000 traductions anglaises

Utilisation du dictionnaire / key to dictionary entries

Exemple 1

UN / UNE POÊLE
-appareil de chauffage **> a stove**
--ustensile de cuisine **> a pan**

1*UN / 2*UNE POÊLE
1*-appareil de chauffage **> a stove**
2*--ustensile de cuisine **> a pan**

1* UN POÊLE
-appareil de chauffage **> a stove**

2* UNE POÊLE
--ustensile de cuisine **> a pan**

Exemple 2

(UNE) ENCEINTE
-gravide **> pregnant**
--mur de fortification **> an enclosure**
--haut-parleur **> a speaker**

(2*UNE) 1*ENCEINTE
1*-gravide **> pregnant**
2*--mur de fortification **> an enclosure**
2*--haut-parleur **> a speaker**

1* ENCEINTE
-gravide **> pregnant**

2* UNE ENCEINTE
--mur de fortification **> an enclosure**
--haut-parleur **> a speaker**

Utilisation du dictionnaire / key to dictionary entries

Exemple 3*

(UNE / L') ANGLAISE
-(*adj fem*) qui est d'Angleterre > **English**
--femme habitant en Angleterre > **an English woman**
--boucle de cheveux > **a ringlet**
--cerise au goût acidulé > **a variety of sour cherry**
---écriture cursive penchée à droite > **Round Hand**

(2*UNE / 3*L') 1*ANGLAISE
1*-(*adj fem*) qui est d'Angleterre > **English**
2*--femme habitant en Angleterre > **an English woman**
2*--boucle de cheveux > **a ringlet**
2*--cerise au goût acidulé > **a variety of sour cherry**
3*---écriture cursive penchée à droite > **Round Hand**

1* **ANGLAISE**
-(*adj fem*) qui est d'Angleterre > **English**

2* **UNE ANGLAISE**
--femme habitant en Angleterre > **an English woman**
--boucle de cheveux > **a ringlet**
--cerise au goût acidulé > **a variety of sour cherry**

3* **L'ANGLAISE**
---écriture cursive penchée à droite > **Round Hand**

Abréviations utilisées :

adj   :   adjectif

adv   :   adverbe

ex   :   exemple / example

fam   :   familier

fem   :   féminin

fig   :   figuré

masc   :   masculin

nf   :   nom féminin

nm   :   nom masculin

péj   :   péjoratif

pl   :   pluriel

qqun   :   quelqu'un

qqch   :   quelque chose

sb   :   somebody

sth   :   something

UK   :   expression anglaise

USA   :   expression américaine

Aa A a Aa

oooooooooooooooooooooooooooooooooooooooooooooooooooooooooooo

ABAISSER
-mettre à un niveau plus bas > **to lower**
-diminuer l'importance, la valeur > **to fall**
-baisser (*vitre, levier*) > **to pull down**
-humilier > **to debase**

UN ABANDON
-délaissement > **an abandonment**
-renoncement (*fonction, poste…*) > **a giving up**
-désertion > **a desertion**
-état de négligence, de non entretien > **a neglected state**
-retrait d'une compétition sportive > **a withdrawal**
-sentiment de liberté > **a surrender**

UN ABAQUE
-diagramme numérique > **an abacus**
-en architecture : tablette surmontant le corps d'un chapiteau > **an abacus**

ABASOURDIR
-étourdir par un grand bruit > **to deafen**
-stupéfier > **to stun**

UN ABATTAGE
-action de couper (*arbre…*) > **a cutting down**
-action de tuer un animal de boucherie > **a slaughter**
-action de détacher le minerai d'un gisement > **a mining**

UN ABATTEMENT
-affaiblissement physique > **an exhaustion**
-découragement > **a dejection**
-déduction sur une somme à payer > **an allowance**
-démolition > **a demolition**

ABATTRE
-renverser, démolir > **to demolish**
-couper > **to cut down**
-tuer qqun > **to shoot down**
-tuer un animal > **to slaughter**
-ôter les forces physiques ou morales > **to get down**

LES ABDOMINAUX
-muscles de l'abdomen > **abdominal muscles**
-exercices de gymnastique > **ABS = abdominals**

S'ABÎMER
-se détériorer > **to get damaged**
-sombrer (*bateau*) > **to sink**

ABORDABLE
-accessible > **accessible**
-d'un prix correct > **affordable**
-d'un abord accueillant > **approchable**

ABORDER
-arriver à un endroit par la mer > **to reach**
-accoster un bateau pour lui donner l'assaut > **to board**
-s'approcher de qqun pour lui parler > **to approach**

-commencer à parler d'un sujet **> to address**

ABOUTIR
-déboucher sur **> to lead to**
-réussir **> to succeed in**
-avoir pour résultat **> to end up in**

(UN) ABRÉGÉ
-raccourci **> short**
--résumé **> an abstract**
--précis, petit ouvrage **> a synopsis**

ABRITER
-mettre à l'abri **> to shelter**
-héberger **> to host**
-contenir **> to house**

ABRUPT
-dont la pente est raide **> steep**
-rude et entier en parlant de qqun **> abrupt**

ABSORBER
-ingérer une boisson **> to swallow**
-laisser pénétrer par imprégnation **> to absorb**
-neutraliser, réduire (*lumière...*) **> to absorb**
-occuper tout le temps de qqun **> to absorb**
-prendre le contôle d'une entreprise **> to take over**

UN ABUS
-usage injustifié **> an abuse**
-usage excessif **> an excess**

ABUSER
-faire un usage excessif de **> to abuse sth**
-exagérer **> to go too far**
-tromper qqun **> to deceive sb**

ACCABLER
-imposer qqch de pénible (*travail...*) **> to overburden**
-mettre dans un état d'abattement (*chaleur...*) **> to overwhelm**

-prouver la culpabilité **> to condemn**

UN ACCENT
-signe graphique placé sur une voyelle **> an accent**
-intonation de la voix **> an accent**
-en phonétique : prononciation plus forte **> a stress**

ACCESSIBLE
-compréhensible **> accessible**
-que l'on peut approcher (*lieu*) **> accessible**
-que l'on peut approcher (*personne*) **> approachable**
-abordable (*prix...*) **> affordable**
-sensible à **> open to**

(UN) ACCESSOIRE
-secondaire **> secondary**
--pièce destinée à compléter un élément principal **> an accessory**
--objet complémentaire pour le théatre, le cinéma **> a prop**

UNE ACCOLADE
-étreinte amicale **> an embrace**
-signe typographique {...} **> a curly bracket**

ACCOMMODER
-bouger pour le cristallin **> to focus**
-accompagner un plat **> to prepare**
-adapter **> to adapt**

ACCOMPLI
-achevé **> achieved**
-expérimenté **> accomplished**

UN ACCORD
-consentement **> an approval**
-arrangement entre deux parties **> an agreement**
-harmonie (*couleurs...*) **> an harmony**
-musique : réglage d'un instrument **> a tuning**
-correspondance grammaticale **> an agreement**

ACCROCHER
-suspendre à un crochet > **to hang**
-attacher, suspendre > **to hook sth up
to sth**
-adhérer > **to grip**
-déchirer > **to rip**
-heurter légèrement un véhicule > **to
bump into**
-s'intéresser à > **to go into**
-attirer le regard, séduire (*un public…*)
> **to win over**

ACHEVER
-finir > **to complete**
-tuer un animal blessé > **to finish it
off**

ACQUITER
-payer > **to pay**
-déclarer non coupable > **to acquit**

UN ACTE
-action humaine > **an act**
-écrit juridique > **a certificate**
-division d'une pièce de théatre > **an
act**

UNE ACTION
-évènements d'une histoire > **an
action**
-faculté d'agir > **an action**
-effet > **an effect**
-produit financier > **a share**
-droit : mouvement collectif juridique >
an action

UNE ADDITION
-calcul > **an addition**
-accumulation > **an accumulation**
-note de restaurant > **a bill**

ADHÉRER
-coller > **to stick to**
-souscrire à une idée > **to subscribe
to**
-devenir membre de > **to join sth**

ADMETTRE
-laisser entrer dans un lieu > **to
accept**
-recevoir à un examen > **to pass**
-reconnaitre > **to admit**
-tolérer > **to allow**
-supposer > **to suppose**

UNE ADRESSE
-indication du domicile > **an address**
-habileté > **a skill**

AÉRIEN
-relatif à l'air > **aerial**
-relatif aux avions > **air ≈**
-qui semble léger > **ethereal**

UNE AFFAIRE
-entreprise > **a business**
-achat avantageux > **a bargain**
-transaction > **a deal**
-litige > **a case**
-problème, question > **a matter**
-source de préoccupation > **a fuss**
-domaine, champ d'action > **a field**

UNE AFFECTATION
-désignation à une fonction > **an
appointment**
-destination à un usage > **an
allocation**
-manque de naturel > **an affectation**

AFFECTER
-désigner à une fonction > **to appoint**
-feindre, ne pas être naturel > **to
affect**
-affliger > **to affect**

AFFIRMER
-prétendre > **to claim**
-proclamer > **to assert**

AFFRANCHIR
-mettre un timbre sur une lettre > **to
put a stamp on**
-rendre libre > **to free**
-exempter d'une charge > **to free**
-(*fam*) mettre au courant > **to tell**

AFFREUSEMENT
-terriblement > **terribly**
-extrêmement > **dreadfully**
-de façon très laide > **hideously**

AFFREUX
-horrible > **horrible**
-qui cause un vif désagrément >
dreadful
-terrible, épouvantable > **terrible**

UNE AGENCE
-succursale > **a branch**
-organisme adminstratif > **an agency**

UNE AGGLOMÉRATON
-ville > **a town**
-amas > **a conglomeration**

AGITER
-secouer > **to shake**
-causer une vive émotion > **to trouble**

AIGU
-caractéristique d'angle en géométrie
> **acute**
-pointu > **sharp**
-d'une grande acuité > **sharp**
-brutal et intense > **acute**
-se dit d'un son haut perché > **high-
pitched**

UNE AIGUILLE
-instrument de couture > **a needle**
-extrémité d'une seringue > **a needle**
-montagne > **a peak**
-feuille des conifères > **a needle**
-baguette indicatrice d'instrument de
mesure > **a needle**
-baguette indicatrice de montre > **a
hand**

UNE AILE
-organe d'oiseau > **a wing**
-partie latérale du nez > **a wing**
-partie latérale de voiture > **a wing**
(**UK**) **/ a fender** (**USA**)
-partie de bâtiment > **a wing**
-branche de courant politique > **a wing**

UN AIR
-mélange de gaz atmosphèriques > **an
air**
-apparence > **a look**
-mélodie > **a tune**

UNE ALLURE
-vitesse > **a speed**
-aspect > **a look**

ALTERNATIF
-type de courant > **alternating**
-rythmique > **alternating**
-qui propose d'autres solutions >
alternative

AMORTIR
-atténuer un choc > **to absorb**
-atténuer un bruit > **to deaden**
-rentabiliser un bien > **to pay off**

UNE AMOURETTE
-amour passager > **a love affair**
-plante type muguet > **a lily of the
valley**

UNE AMPOULE
-dispositif d'éclairage > **a bulb**
-cloque sur la peau > **a blister**
-tube contenant un médicament liquide
> **a phial**

UNE ANDOUILLE
-charcuterie > **a sausage made of
chitterlings**
-(*fam*) idiot > **a nit**

UN ÂNE
-animal > **a donkey**
-personne ignorante > **an idiot**

(UNE / L') ANGLAISE
-(*adj fem*) qui est d'Angleterre >
English
--femme habitant en Angleterre > **an
English woman**
--boucle de cheveux > **a ringlet**
--cerise au goût acidulé > **a variety of
sour cherry**

---écriture cursive penchée à droite > **Round Hand**

UNE ANSE
-poignée de panier > **a handle**
-petite baie peu profonde > **a cove**

UNE / L' ANTENNE
-appendice allongée sur la tête des insectes > **an antenna**
-élément d'interception des ondes > **an aerial**
-succursale > **a branch**
--connexion permettant la retransmission d'une émission > **the air**

UN APLOMB
-équilibre > **a balance**
-verticalité > **a perpendicularity**
-confiance en soi > **a confidence**
-insolence > **a nerve**

UNE APOSTROPHE
-signe de ponctuation > **an apostrophe**
-interpellation brusque > **an invective**

UN APPAREIL
-objet mécanique > **a device**
-appareil photo > **a camera**
-téléphone > **a phone**
-appareil dentaire > **a brace (UK) / braces (USA)**
-avion > **an aircraft**
-direction d'un parti politique > **a political system**
-préparation en cuisine > **a mix**
-ensemble anatomique > **a system**

UN / L' APPEL
-cri > **a call**
-invitation > **a call**
-communication téléphonique > **a call**
-en droit : recours > **an appeal**
-élan pris sur un pied > **a take off**
-convocation militaire > **a call up (UK) / a draft (USA)**

--action de nommer successivement les membres d'un groupe (*faire l'appel*) > **a roll call (*to call the roll*)**

UN / L' APPENDICE
-partie du corps des insectes > **an appendix**
-notes en fin d'un ouvrage > **an appendix**
--petite poche du tube digestif > **the appendix**

UNE APPLICATION
-mise en œuvre > **an application**
-pose d'une chose sur une autre > **an application**
-soin pris à la réalisation d'une tâche > **an application**
-outil mathématique > **a function**
-outil informatique > **an application (an app)**

APPRÉHENDER
-procéder à l'arrestation de qqun > **to arrest sb**
-craindre, redouter > **to dread**

UN ARBITRAGE
-en sport, décision de l'arbitre > **a refereeing**
-sentence rendue > **an arbitration**

ARBORER
-porter avec ostentation > **to sport**
-déployer, hisser > **to display**
-planter des arbres > **to plant with trees**

ARDENT
-qui brûle fortement > **burning**
-fougueux, passionné > **intense**

DE L' / UNE ARDOISE
-roche > **slate**
--écritoire > **a slate**
--dette > **a dept**

UNE ARÊTE
-os du squelette des poissons > **a fishbone**
-frontière formée par la rencontre de deux surfaces > **an edge**
-limite aiguë qui sépare les deux limites d'une montagne > **a ridge**

(DE L') ARGENT
-couleur > **silver**
--monnaie > **money**
--métal > **silver**

UN ARRANGEMENT
-organisation > **an arrangement**
-orchestration > **an arrangement**
-accord amiable > **an agreement**

UN ARRÊT
-interruption > **a stopping**
-endroit où s'arrête un transport public > **a stop**
-décision rendue par une juridiction > **a judgement**

(UN) ARRIÉRÉ
-archaïque > **backward**
-retardé mentalement > **mentaly retarded**
--dette > (*pl*) **arrears**

ARRIVER
-parvenir à destination > **to arrive**
-se produire > **to happen**
-réussir > **to manage**

ARRONDIR
-incurver > **to round off**
-calculer approximativement > **to round off**
-augmenter (revenus…) > **to increase**

ARROSER
-irriguer > **to water**
-fêter > **to drink to**
-soudoyer > **to bribe**

UN ARSENAL
-centre de construction et d'entretien des navires de guerre > **a dockyard**
-grande quantité d'armes > **an arsenal**
-ensemble de moyens techniques mis à disposition > **an arsenal**

UNE ARTÈRE
-vaisseau qui va au cœur > **an artery**
-importante voie de communication > **a main road**

UN ARTICLE
-partie d'un texte juridique > **an article**
-texte dans un journal > **an article**
-objet à vendre > **an item**
-élément grammatical > **an article**

ARTICULER
-parler distinctement > **to articulate**
-connecter > **to link**

UN / L'AS
-figure de dé, de carte > **an ace**
-personne qui excelle > **a champion**
--le numéro un (au tiercé, aux cartes…) > **the number one**

UN / L'ASILE
-refuge > **a shelter**
-institution (*pour malades, vieillards…*) > **an asylum**
-hôpital psychiatrique > **a psychiatric asylum**
--demande de protection diplomatique > **the asylum**

UNE ASPERGE
-légume > **an asparagus**
-(*fam*) personne grande et mince > **a beanpole**

UN ASPIC
-vipère > **an asp**
-préparation à base de gelée > **an aspic**
-grande lavande fournissant une huile essentielle utilisée en pharmacie > **a spike lavender**

(UN) ASPIRANT
-qui aspire > **suction** ≈
--candidat à > **a sth wannabe**
--grade > **an officer cadet**
--candidat > **an aspirant**

ASPIRER
-avaler en créant une dépression > **to suck**
-pomper > **to pump**
-passer l'aspirateur > **to vacuum**
-ambitionner > **to strive**

ASSAISONNER
-accommoder un plat > **to season**
-(*fam*) réprimander > **to rebuke**

ASSEZ
-suffisamment > **enough**
-plutôt > **quite**

UNE ASSIETTE
-pièce de vaisselle > **a plate**
-inclinaison d'un avion par rapport à l'horizontale > **a balance**
-base de calcul de l'impôt > **a base**
-manière d'être assis à cheval > **a seat**

ASSISTER
-être présent, participer à > **to attend sth**
-porter secours > **to assist**

ASSOMBRIR
-rendre sombre > **to darken**
-rendre triste > **to put a cloud over**

UNE ASSURANCE
-contrat avec un assureur > **an insurance**
-garantie > **a guarantee**
-sentiment d'absolue certitude > **an assurance**
-confiance en soi > **a self confidence**

L' / UNE ATMOSPHÈRE
-couche gazeuse respirable sur Terre > **the atmosphere**
--ambiance > **an atmosphere**

--unité de pression des gaz > **an atmosphere**

UN ATOUT
-chance de réussir, avantage > **an asset**
-couleur au jeu de carte > **a trump**

UNE ATTENTE
-fait de patienter > **a wait**
-espérance > **an expectation**

(UNE) ATTENTION
-prenez garde ! > **watch out !**
--capacité de concentration > **a caution**
--égard, prévenance > **an attention**

UNE ATTRACTION
-force par laquelle un corps est attiré par un autre > **an attraction**
-distraction mise à disposition du public > **an attraction**

ATTRAPER
-saisir, prendre > **to catch**
-contracter une maladie > **to catch**
-réprimander > **to rebuke**
-tromper par la ruse > **to take in**

L' / UNE AUBE
-premières lueurs du jour > **the dawn**
--partie d'une roue hydraulique > **a blade**
--longue robe blanche > **an alb**

L' / UNE AUDITION
-sens de l'ouie > **hearing**
--capacité à entendre > **a hearing**
--examen pour un artiste > **an audition**
--séance de présentation > **an hearing**

AUGMENTER
-accroître > **to increase**
-donner un meilleur salaire > **to increase**
-devenir plus cher > **to raise the price of**

(UN) AUGUSTE
-qui inspire le respect > **august**
--clown > **a clown**

UNE AURÉOLE
-halo > **a halo**
-tache en anneau > **a ring**
-gloire, prestige > **a glory**

UNE AUSTÉRITÉ
-sévérité, rigorisme de mœurs > **an austerity**
-absence de tout ornement > **an austerity**
-politique économique stricte > **an austerity**

UNE AUTONOMIE
-indépendance > **an independence**
-distance que peut parcourir un véhicule sans faire de plein d'essence > **a range**
-durée de fonctionnement d'un appareil sans avoir besoin d'être rechargé > **a standbye time**

AUTORISÉ
-permis > **allowed**
-qui fait autorité > **authoritative**

UNE AUTORITÉ
-qualité de commandement > **an authority**
-personne ou ouvrage auquel on se réfère > **an authority**

AUTREMENT
-sinon, dans le cas contraire > **otherwise**
-de façon différente > **differently**

(UN) AUXILIAIRE
-secondaire > **auxiliary**
--personne qui fournit une aide > **an assistant**
--verbe de conjugaison > **an auxiliary**

AVACHI
-sans forme > **misshapen**
-sans énergie, mou > **slouched**

EN / UN AVAL
-côté vers lequel descend un cours d'eau > **downstream**
-antérieurement > **downstream**
--approbation > **an approval**

AVANCER
-se déplacer > **to move forward**
-progresser > **to progress**
-fixer un évènement avant la date prévue > **to bring foward**
-pour une montre, une horloge : indiquer une heure plus tardive > **to be fast**
-proposer une idée > **to put foward**
-prêter de l'argent > **to advance (money)**

AVANTAGER
-favoriser > **to benefit**
-mettre en valeur > **to flatter**

UN AVÈNEMENT
-élévation à une dignité suprême > **an accession**
-arrivée de qqch d'important > **an advent**

UN AVENIR
-temps futur > **a future**
-situation future > **a future**

UNE AVENTURE
-évènement imprévu et risqué > **an adventure**
-liaison amoureuse > **an affair**

UN AVENTURIER
-personne qui aime l'aventure > **an adventurer**
-personne sans scrupules, intrigant > **an adventurist**

AVERTI
-prévenu > **warned**
-connaisseur > **informed**

UN AVOCAT
-fruit > **an avocado**
-auxiliaire de justice > **a lawyer**

(UN) AVOIR
-posséder > **to have**
-obtenir > **to get**
-tromper, duper > **to have had (it)**
--bien qu'une personne possède > **an asset**
--crédit dans un magasin > **a credit not**

AVORTER
-interrompre une grossesse > **to abort**
-échouer, ne pas aboutir > **to fail**

UN AXE
-essieu > **an axle**
-ligne fictive ou réelle qui sépare qqch en deux > **an axis**
-élément géométrique > **an axis**
-grande voie de communication > **a road link**
-direction générale > **a main line**

Bb *Bb* *Bb*

oooooooooooooooooooooooooooooooooooooooooooooooooooooooooo

(UN) BABA
-étonné > **flabbergasted**
--gâteau au rhum > **a (rum) baba**

UN BAC
-partie d'un évier > **a sink**
-compartiment rectangulaire > **a tray**
-contenant pour les plantes > **a plant holder**
-bateau large et plat > **a ferry**
-baccalauréat > **a Bachelor**

UN BAGAGE
-sac pour voyager > **a piece of luggage**
-somme des connaissances acquises > **a knowledge**

UNE / LA BAGATELLE
-chose de peu de valeur > **a trifle**
--amour physique > **sex**

UNE BAGUETTE
-variété de pain > **a baguette**
-couvert asiatique > **a chopstick**
-morceau de bois mince et long > **a wooden stick**
-accessoire de magicien > **a (magic) wand**
-accessoire de chef d'orchestre > **a baton**

UN BAHUT
-coffre ou buffet > **a sideboard**
-(*argot*) lycée > **a school**

UNE BAIE
-fruit > **a berry**
-échancrure du littoral > **a bay**

-ouverture fermée ou non d'une façade > **an opening**

UNE BAIGNOIRE
-élément de salle de bain > **a (bath) tub**
-loge de rez-de-chaussée dans un théâtre > **a ground floor box**

BÂILLER
-ouvrir la bouche de fatigue > **to yawn**
-être entrouvert > **to gape**

BAISER
-embrasser > **to kiss**
-(*argot*) avoir des rapports sexuels > **to fuck**
-(*argot*) duper > **to fuck**

(UNE) BALANCE
-signe du zodiaque > **Libra**
--instrument de pesée > **a scale**
--en comptabilité, variation entre le crédit et le débit > **a balance**
--(*argot*) dénonciateur > **a grass**

BALANCER
-bouger alternativement d'un coté et de l'autre > **to swing**
-être indécis > **to waver**
-(*fam*) jeter à la poubelle > **to junk**
-(*argot*) dénoncer > **to grass up**

UN BALAYAGE
-netoyage avec un balai > **a sweeping**
-coiffure > **a highlighing**
-exploration séquentielle d'une surface > **a scanning**

UNE BALEINE
-mammifère marin > **a whale**
-armature de parapluie > **an umbrella rib**

UNE BALLE
-petite sphère rebondissante > **a ball**
-projectile > **a bullet**
-enveloppe du grain de céréale > **a chaff**
-gros paquet de marchandise > **a bale**

UN BALLON
-grosse balle > **a ball**
-aérostat > **a balloon**
-verre > **a balloon glass**
-alcotest > **a breath test**

(UN) BALLOT
-sot, imbécile > **stupid**
--paquet de marchandise > **a bundle**

UNE BANANE
-fruit > **a banana**
-coiffure > **a quiff**
-petit sac souple se portant autour de la taille > **a bum bag (UK) / a fanny pack (USA)**
-(fig) large sourire > **a big smile**
-(fam) idiot > **an idiot**

UNE BANDE
-ruban > **a strip**
-bandage > **a bandage**
-groupe de personnes > **a group**
-enregistrement audio ou vidéo > **a tape / a film**
-gîte d'un bateau > **an angle of list**
-bordure d'une table de billard > **a cushion**

BANDER
-faire un bandage > **to bandage**
-tendre ses muscles > **to tense (one's muscles)**
-armer un arc > **to bend**
-mettre un tissu devant les yeux > **to blindfold**

-(fam) avoir une érection > **to have a hard-on**

UN BAR
-poisson > **a bass**
-débit de boisson > **a bar**
-unité de mesure de pression > **a bar**

BARBOTER
-s'agiter dans l'eau > **to splash around**
-(fam) dérober > **to pinch**

UN / UNE BARDE
-poète et chanteur celte > **a bard**
--tranche de lard qui enveloppe une viande > **a bard**

UNE / LA BARRE
-objet de forme allongée > **a bar**
-agrès de gymnastique > **a bar**
-équipement de salle de danse > **a (danse) barre**
-crête rocheuse verticale > **a ridge**
-trait graphique droit > **a line**
-niveau > **a level**
-type de douleur > **a pain**
--organe de commande du gouvernail d'un bateau > **the helm**
--endroit où sont appelé les témoins dans un tribunal > **the bar**

UN BARREAU
-barre de fenêtre > **a bar**
-barre d'échelle > **a rung**
-ensemble des avocats d'un tribunal > **a Bar**

BARRER
-fermer un passage > **to block**
-raturer > **to cross out**
-diriger un bateau > **to steer**

UNE BASE
-partie inférieure d'un objet > **a base**
-principe fondamental d'un raisonnement > **a basis**
-principal composant d'un produit > **a base**

-crème qui s'applique sur le visage avant le maquillage > **a base**
-zone de réunion des moyens nécessaires à la conduite des opérations militaires > **a base**
-substance capable de neutraliser un acide > **a base**
-emplacement au baseball > **a base**
-élément mathématique > **a base**
-socle de personnes, des militants d'un parti > **grassroots**

(UN / UNE) BASQUE
-du Pays Basque > **Basque**
--habitant du Pays Basque > **a Basque**
---pan de veste > **a tail**

UN / LE BASSIN
-plan d'eau > **a pond**
-récipient peu profond > **a basin**
-piscine > **a pool**
-zone géographique > **a basin**
-urinoir pour personne alitée > **a bedpan**
--pelvis > **the pelvis**

UNE BATAILLE
-combat > **a battle**
-jeu de carte > **a beggar-my-neighbour**

UN BATARD
-pain > **a short french stick**
-chiot croisé > **a mongrel (dog)**
-enfant né d'une union illégitime > **a bastard (child)**

(UN) BATEAU
-banal > **hackneyed**
--navire > **a boat**
--trottoir abaissé > **a dropped kerb**
--(*fam*) prétexte mensonger > **a fib**

UN BÂTI
-gros-oeuvre d'un bâtiment > **a frame**
-ébauche en couture > **a tacking**

UN BATTANT
-personne combative > **a fighter**
-pièce d'une fenêtre > **a (left or right) hand door**

UNE BATTERIE
-instrument de musique > **drums**
-pile, source d'énergie > **a battery**
-réunion de pièces d'artillerie > **a battery**
-ensemble d'instruments de cuisine > **cookware**
-série d'objets > **a package of**

UN BATTEUR
-appareil électroménager > **a whisk**
-musicien > **a drummer**
-fonction dans certains sports de frappe > **a batter**

(UN) BAVAROIS
-qui habite en Bavière > **Bavarian**
--habitant de Bavière > **a Bavarian**
--gâteau > **a Bavarois**

UN BEAU-FILS
-fils de son conjoint > **a stepson**
-gendre > **a son-in-law**

UNE BÉCASSE
-oiseau > **a woodcock**
-femme sotte > **a goose**

BÊCHER
-retourner la terre > **to dig**
-(*fam*) crâner > **to show off**

UN BÉGUIN
-penchant amoureux > **a crush (on sb)**
-coiffe à capuchon > **a bonnet**
-bonnet des nourrissons noué sous le menton > **a bonnet**

(UN) BÉLIER
-signe du zodiaque > **Aries**
--mouton mâle > **a ram**
--machine de guerre pour défoncer les portes > **a battering ram**

UNE BELLE-FILLE
-fille du conjoint > **a stepdaughter**
-bru > **a daughter-in-law**

UNE BELLE-MÈRE
-nouvelle épouse du père > **a stepmother**
-mère du conjoint > **a mother-in-law**

UN BÉNÉFICE
-profit financier > **a profit**
-avantage lié à une situation > **a benefit**

UNE BÉQUILLE
-outil d'aide à la marche > **a crutch**
-stabilisateur sur un vélo > **a stand**
-coup reçu à la jambe > **a kick**

UN BERCEAU
-lit de nouveau-né > **a cradle**
-lieu d'origine > **a birthplace**

BERCER
-balancer doucement pour endormir > **to lull**
-secouer doucement un bébé > **to rock**
-tromper > **to lull sb into sth**

UNE BERGE
-bord d'une étendue d'eau > **a bank**
-(fam) année d'âge > **a year**

UN BERLINGOT
-bonbon > **a boiled sweet**
-emballage commercial pour les liquides > **a carton**

(UNE) BÊTE
-sot > **stupid**
--animal > **an animal**

UNE BÊTISE
-manque d'intelligence > **a stupidity**
-action irréfléchie > **a blunder**
-chose sans importance, bagatelle > **a trifle**

-berlingot à la menthe, spécialité de Cambrai > **a mint humbug**

UN BIAIS
-moyen détourné > **a way**
-facteur confondant en statistiques > **a bias**

UNE BIBLIOTHÈQUE
-lieu > **a library**
-meuble > **a bookcase**
-collection de livres > **a collection**

UN BIDE
-(fam) ventre > **a belly**
-(fam) échec > **a flop**

(UN) BIDON
-(fam) faux, truqué > **phoney**
--récipient > **a can**
--(fam) ventre > **a belly**

(UN) BIEN
-correct, de bonne qualité > **good**
-qui a des qualités morales > **good**
-beaucoup > **well**
-assurément, volontiers > **gladly**
-au moins > **at least**
-en bonne santé > **well**
-à l'aise > **comfortable**
--richesse, propriété > **a property**

UN BIENFAIT
-faveur, acte de générosité > **a kindness**
-avantage, conséquence bénéfique > **a benefit**

UNE BIÈRE
-boisson > **a beer**
-cercueil > **a coffin**

(UN) BIJOU
-terme affectueux > **my love**
--joaillerie > **a jewel**
--chef d'œuvre > **a gem**

BILIEUX
-se dit d'un teint pâle et cireux > **bilious**
-enclin à la colère, à la mauvaise humeur > **testy**

LE / UN BILLARD
-jeu > **billiards**
--table pour jouer au billard > **a billards table**
--(*fam*) table d'opération chirurgicale > **a surgical table**
--(*fam*) route large et plane sur laquelle on roule facilement > **a smooth road**

UN BILLET
-papier monnaie > **a note** (*UK*) / **a bill** (*USA*)
-ticket pour un spectacle ou une activité > **a ticket**
-petit article de journal souvent polémique > **a column**

UNE BINETTE
-outil de jardinage > **a hoe**
-(*fam*) visage > **a face**

BIS
-gris brunâtre > **greyish brown**
-qui contient du son > **brown**
-encore ! > **encore !**
-à côté d'un numéro de rue > **A**

UNE BISE
-baiser > **a kiss**
-vent > **a north wind**

UN BLAIREAU
-animal > **a badger**
-outil de barbier > **a shawing brush**
-(*fam*) pauvre type > **a dweeb**

(UN / LE) BLANC
-couleur > **white**
-sans perte ni profit > **break even**
-se dit d'un vote sans nom de candidat > **blank**
-innocent > **pure**

--silence dans un discours > **a gap**
--espace non rempli dans un texte > **a blank**
--vin > **a white wine**
--albumine d'un œuf > **an egg white**
---linge de maison > (*pl*) **whites**

BLANCHIR
-rendre blanc > **to whiten**
-laver > **to whiten**
-précuire des légumes > **to blanch**
-devenir blanc (*cheveux…*) > **to go white**
-innocenter > **to clear**
-dissimuler la provenance frauduleuse d'argent > **to launder (money)**

UNE BLANQUETTE
-plat de viande > **a blanquette**
-vin blanc mousseux > **a sparkling white wine**

DU BLÉ
-céréale > **wheat**
-(*fam*) de l'argent > **dough**

(UN) BLEU
-couleur > **blue**
-type de cuisson > **very rare**
--écchymose > **a bruise**
--vêtement de travail > **overalls**
--jeune recrue > **a rookie**
--fromage > **a blue cheese**

UN BLOC
-masse compacte et pesante > **a block**
-ensemble de feuilles collées > **a pad**
-salle d'opération > **an operating room**
-groupement de parties ayant des intérêts en commun > **a group**

UNE BLONDE
-bière > **a lager**
-cigarette > **a blond-tobacco cigarette**
-femme aux cheveux blonds > **a bonde**

BLONDIR
-devenir blond > **to go blond**
-faire rissoler dans un corps gras > **to fry**

BLOQUER
-immobiliser > **to wedge**
-obstruer > **to block**

UNE BLOUSE
-vêtement de travail > **a coat**
-corsage de femme à forme large > **a blouse**

BLOUSER
-donner de l'ampleur à un vêtement > **to billow**
-(*fam*) tromper, abuser > **to con**

UN BOA
-serpent > **a boa**
-écharpe > **a boa**

UNE BOBINE
-petit cylindre > **a reel**
-dispositif électrique > **a coil**
-(*fam*) visage > **a face**

DU / UN BOIS
-matière > **wood**
--petite forêt > **a wood**
--corne des cerfs > **an antler**
--type d'instrument de musique > **a woodwind**
--partie de raquette de tennis > **a wood**

UNE BOÎTE
-contenant > **a box**
-(*fam*) entreprise > **a company**
-nightclub > **a nightclub**

UN / DU BOL
-récipient > **a bowl**
--(*fam*) chance > **luck**

UNE BOMBE
-projectile > **a bomb**
-aérosol > **a spray**

-chapeau des cavaliers > **a riding hat**
-type de plongeon > **a bomb dive**
-scoop exeptionnel > **a bombshell**
-(*fam*) très belle femme > **a stunner**

(UN) BON
-délicieux > **good**
-généreux > **kind**
-correct > **right**
-formule de souhait > **happy** ≈
--ticket d'échange > **a voucher**

LE / UN BONHEUR
-état de complète satisfaction > **the happiness**
--joie, plaisir > **a joy**
--circonstance favorable > **a luck**

(UN) BONHOMME
-simple et bienveillant > **good natured**
--individu > **a guy**
--dessin d'enfant représentant grossièrement un individu > **a little man**

UN BONNET
-chapeau > **a hat**
-poche de soutien-gorge > **a cup**

(UN) BORDEL
-(*argot*) juron > (*slang*) **shit !**
--(*fam*) grand désordre > **a mess**
--(*fam*) maison close > **a brothel**

UNE BOSSE
-enflure après un coup > **a bump**
-protubérance naturelle sur un corps (*chameau, scoliose…*) > **a hump**
-protubérance sur un terrain > **a bump**
-(*fam*) don, prédisposition > **a gift**

UNE BOTTE
-chaussure montante > **a boot**
-assemblage de végétaux (*paille…*) liés ensemble > **a bundle**
-ensemble de légumes liés ensemble > **a bunch**
-coup au fleuret > **a thrust**

UN BOUC
-mâle de la chèvre > **a billy goat**
-petite barbe > **a goatee**

BOUCHÉ
-obstrué > **blocked**
-couvert, sans visibilité > **overcast**
-(*fam*) qui comprend lentement >
dumb

(UN) BOUCHER
-obstruer une ouverture > **to block**
--marchand de viande > **a butcher**

UN BOUCHON
-fermeture de bouteille en liège > **a
cork**
-fermeture de bouteille d'une autre
matière que le liège > **a stopper**
-flotteur d'une ligne de pêche > **a float**
-embouteillage > **a traffic jam**

BOUCLER
-friser > **to curl**
-finir une tache > **to finish**
-finaliser un budget > **to balance**
-encercler une zone pour la contrôler >
to seal off
-fermer (*valise, ceinture…*) > **to fasten**
-(*fam*) emprisonner > **to lock up**

DU / UN BOUDIN
-charcuterie > **black ou white
pudding**
--objet gonflable > **a roll**
--(*fam*) femme grosse et sans grâce >
a fat lump

BOUFFER
-(*fam*) manger > **to gobble**
-(*fam*) accaparer du temps > **to take
up all one's time**
-donner un effet de gonflement en
couture > **to puff out**

UNE BOUGIE
-objet en cire > **a candle**
-pièce d'allumage électrique d'une
voiture > **a spark plug**

BOULEVERSER
-provoquer une émotion violente > **to
overwhelm**
-modifier profondément > **to disrupt**

UN BOUQUET
-arrangement de fleurs > **a bouquet**
-arôme d'un vin > **a bouquet**
-final d'un feu d'artifice > **a final**
-grosse crevette rose > **a prawn**
-ensemble des chaines de télévision
captées > **a multichannel package**

UN BOUQUIN
-lièvre ou lapin mâle > **a buck**
-(*fam*) livre > **a book**

UN / LE BOURDON
-insecte > **a bumblebee**
-grosse cloche à son grave > **a great
bell**
-bâton de pèlerin > **a staff**
-omission d'un mot ou d'un passage
entier dans un texte imprimé > **an
omission**
--mélancolie > **the blues**

UNE / LA BOURSE
-porte-monnaie > **a purse**
-pension accordée à un élève > **a
scholarship**
-organe génital externe masculin > **a
scrotum**
-ressource pécuniaire > **a spending**
--monde financier > **the stock
exchange**
--place de marchés > **the stock
market**

(UN) BOURSIER
-financier > **stock** ≈
-qui bénéficie d'une bourse >
scholarship ≈
--étudiant qui bénéficie d'une bourse >
a scholarship student

BOUSCULER
-heurter en poussant > **to shove**
-obliger à changer > **to shake up**
-presser > **to rush**

UN BOUT
-extrémité > **an end**
-morceau > **a piece of**

UN BOUTON
-accessoire en couture > **a button**
-excroissance cutanée > **a spot**
-commutateur > **a button**
-bourgeon > **a bud**

UN BOYAU
-partie d'intestin > **a gut**
-chambre à air > **a tubeless tire**
-passage étroit > **a passage way**
-cordage fin et résistant > **a catgut**

UN BRAQUAGE
-manœuvre de conduite > **a turning angle**
-attaque à main armée > **a hold-up**

UN BRAS
-membre > **an arm**
-division d'un fleuve > **an arm**
-partie de fauteuil > **an arm**

UNE BRASSERIE
-lieu où l'on fabrique de la bière > **a brewery**
-restaurant > **a brasserie**

UNE BRASSIÈRE
-vêtement pour bébé > **a (baby's) vest**
-soutien-gorge > **a (sport) bra**

BRAVE
-courageux > **brave**
-bon et honnête > **good**
-gentil mais un peu simple > **nice**

UN BREAK
-voiture > **an estate car** (*UK*) / **a station wagon** (*USA*)

-pause > **a break**
-temps au tennis > **a break**

UNE BRETELLE
-accessoire de vêtement ou de sac > **a strap**
-morceau d'autoroute > **a slip road** (*UK*) / **a ramp** (*USA*)

(UN) BRILLANT
-lumineux > **bright**
-d'une remarquable intelligence > **brilliant**
--bijou > **a brilliant**

UNE BRIOCHE
-pâtisserie > **a brioche**
-(*fam*) ventre rebondi > **a paunch**

BRODER
-orner un tissu > **to embroider**
-(*fam*) magnifier un récit > **to embroider**

UNE BROSSE
-ustensile de nettoyage > **a brush**
-ustensile de coiffure > **a flattop**

BRÛLER
-flamber > **to burn**
-désirer ardemment > **to be dying to**

(DU) BRUT
-qui n'a pas été encore traité > **raw**
-se dit d'un champagne faiblement sucré > **dry**
-brutal, sauvage > **brutal**
-en comptabilité : non encore taxé > **gross**
--pétrole > **crude**

BRUTAL
-violent > **brutal**
-soudain > **sudden**

UNE BÛCHE
-gros morceau de bois > **a log**
-gâteau de Noël > **a yule log**

(UN) BÛCHER
-étudier intensivement > **to toil**
--endroit où on range le bois > **a woodshed**
--élément funéraire > **a pyre**

UN BUFFET
-meuble > **a sideboard**
-étalage de plats en libre-service > **a buffet**
-(*fam*) ventre > **a belly**

UN BUREAU
-meuble > **a desk**
-pièce d'une maison > **a study**
-lieu de travail > **an office**
-instance de direction dans une association > **a board**

UNE BUSE
-rapace > **a buzzard**
-tuyau d'évacuation > **a pipe**
-tuyau de raccordement pour la sortie d'un fluide > **a nozzle**
-(*fam*) personne ignorante et sotte > **a nitwit**

UN BUT
-objectif > **an aim**
-point gagnant au foot > **a goal**

UN BUTOR
-oiseau > **a bittern**
-homme grossier et stupide > **a boor**

BUTER
-heurter > **to bump into**
-être arrêté par une difficulté > **to struggle with**
-s'appuyer sur > **to rest against sth**
-(*argot*) tuer > **to bump sb off**

.

Cc Cc Cc

ooooooooooooooooooooooooooooooooooooooooooooooooooooooooooo

UNE CABINE
-pièce dans un bateau > **a cabin**
-petite pièce à usage précis > **a cubicle**
-espace pour conducteur (*de camion, de train …*) > **a cab**
-partie d'un avion réservée aux passagers > **an aircraft cabin**
-local téléphonique en ville > **a phone booth**

UN CABINET
-petite pièce > **a booth**
-local où exerce une profession libérale > **a practice**
-ensemble des collaborateurs d'un ministre > **a cabinet**
-meuble à compartiments > **a cabinet**

UN CACHET
-sceau > **a seal**
-tampon de la poste > **a postmark**
-comprimé > **a tablet**
-rétribution d'un artiste > **a fee**
-originalité, charme > **a charm**

CACHETER
-fermer une enveloppe > **to seal**
-sceller avec de la cire > **to seal**

UN CADDIE
-porteur de clubs de golf > **a caddie**
-petit chariot de supermarché > **a shopping trolley (*UK*) / a shopping cart (*USA*)**

UN CADRE
-entourage d'un tableau > **a frame**
-ossature d'un vélo > **a frame**
-contexte > **a framework**

-salarié exerçant une fonction de direction > **a manager**
-environnement > **(*pl*) surroundings**

UN / LE CAFARD
-blatte > **a cockroach**
-(*fam*) personne qui rapporte > **a sneak**
--(*fam*) idées noires > **the blues**

UN CAFÉ
-boisson > **a coffee**
-débit de boisson > **a café**

CAILLER
-coaguler, en paticulier pour le lait > **to curdle**
-(*fam*) avoir froid > **to be freezing**

UNE CAISSE
-coffre > **a box**
-machine contenant la monnaie d'un magasin > **a cash register**
-comptoir où on règle ses achats dans un magasin > **a cash desk**
-instrument de musique à percussion > **a drum**
-lieu d'aisance d'un chat > **a litter tray**
-organisme d'administration de fonds > **a fund**
-structure de voiture > **a (car) body**
-(*argot*) voiture > **a car**

UN / LE CALCUL
-lithiase > **a stone**
-opération mathématique > **a calculation**
-manœuvre > **a tactic**
--arithmétique > **arithmetic**

UNE CALE
-objet pour immobiliser > **a wedge**
-soute d'un bateau > **a hold**

CALÉ
-immobilisé > **wedged**
-instruit, savant > **good at**

UN CALEÇON
-sous vêtement masculin > **boxer shorts**
-pantalon féminin très collant > **leggins**

CALER
-immobiliser > **to wedge**
-subir une coupure de moteur intempestive > **to stall**
-ne pas savoir répondre > **to get stuck in**
-installer qqun ou qqch correctement > **to prop up sb or sth**
-insérer, fixer (*un rendez-vous…*) > **to schedule**
-ne pas pouvoir manger davantage > **to be full up**

UN CALICE
-coupe pour boire > **a chalice**
-vase sacré > **a chalice**
-ensemble des sépales d'une fleur > **a calyx**
-cavité excrétrice du rein > **a calyx**

(UN) CALME
-sans agitation, paisible > **quiet**
-qui manifeste de la maitrise de soi > **calm**
-qui fait peu de bruit > **quiet**
-qui a une activité réduite > **quiet**
--maîtrise de soi > **a calm**
--quiétude > **a calm**

UN CALVAIRE
-croix en plein air > **a calvary**
-longue souffrance > **an ordeal**

UN CAMP
-lieu de stationnement militaire > **a camp**
-lieu où l'on campe > **a camp**
-terrain défendu par une équipe de sport > **a site**
-parti opposé à un autre > **a side**
-espace clos et gardé où l'on entasse des gens > **a camp**

LA / UNE CAMPAGNE
-région rurale > **the country**
--expédition militaire > **a campaign**
--ensemble des actions en vue de se faire élire à une élection > **a campaign**

(UNE) CANADIENNE
-(*adj fem*) du Canada > **Canadian**
--femme vivant au Canada > **a Canadian**
--tente > **a ridge tent**
--veste > **a furlined jacket**

UN CANAPÉ
-sofa > **a sofa**
-toast > **a canapé**

UN CANARD
-oiseau > **a duck**
-morceau de sucre trempé > **a sugar lump dipped in**
-(*fam*) journal > **a rag**
-fausse note > **a bum note**

UNE CANETTE
-petite bouteille métallique > **a can**
-bobine de machine à coudre > **a spool**
-petite cane > **a duckling**

UNE CANNE
-outil d'aide à la marche > **a stick**
-instrument de pêche > **a fishing rod**
-nom usuel de certains bambous ou roseaux > **a cane**

(UN) CANON
-se dit pour qualifier le droit catholique > **canonical**

--pièce d'artillerie > **a cannon**
--cylindre par où passe le projectile dans une arme à feu > **a barrel**
--partie de serrure > **a barrel**
--modèle pris comme type idéal > **a model**
--technique de chant > **a canon**
--*(fam)* femme très belle > **a stunner**
--*(fam)* verre de vin > **a glass of wine**

UNE CANTINE
-cafétéria > **a canteen**
-petite malle > **a tin trunck**

UN CAP
-pointe de terre > **a cape**
-direction > **a course**

UNE CAPACITÉ
-volume > **a capacity**
-aptitude > **an ability**

(UN) CAPITAL
-essentiel > **major**
--ensemble des biens > **a capital**
--somme d'argent > **a capital**

UNE CAPITALE
-ville principale > **a capital**
-grande lettre d'imprimerie > **a capital letter**

UN CAPITON
-garnissage d'un siège > **a padding**
-peau d'orange > **an orange peel skin**

UNE CAPOTE
-toit mobile d'une voiture > **a hood**
-manteau militaire > **a greatcoat**
-préservatif > **a condom**

(UN) CAR
-parce que > **because**
--véhicule de transport > **a bus**

UN CARACTÈRE
-tempérament > **a character**
-cachet, originalité > **a charm**
-caractéristique > **a characteristic**

-lettre en typographie > **a character**

UNE CARAVANE
-véhicule de camping > **a trailer**
-groupe de voyageurs > **a caravan**

(UN) CARDINAL
-se dit d'un nombre entier naturel > **cardinal**
-qui indique une direction (*un point cardinal*) > **cardinal (*a cardinal point*)**
--homme d'église > **a cardinal**
--oiseau d'Amérique > **a cardinal**

(UNE) CAROTTE
-de couleur rouge > **carrot coloured (*UK*) / carrot colored (*USA*)**
--légume > **a carrot**
--échantillon cylindrique de terrain > **a core**
--récompense que l'on fait miroiter > **a carrot**

UNE / LE CARPE
-poisson > **a carp**
--ensemble des os du poignet > **the carpus**

UNE CARPETTE
-petit tapis > **a rug**
-*(fam)* personne servile > **a doormat**

(UN) CARRÉ
-qui a quatre côtés égaux > **square**
-franc et net > **straightfoward**
-baraqué > **well built**
--quadrilatère > **a square**
--nombre multiplié par lui-même > **a square**
--pièce servant de salon aux officiers > **a wardroom**
--au jeu de carte : 4 cartes de même valeur > **four** ≈
--coupe de cheveux > **a bob**
--ensemble de côtelettes > **a rack**
--foulard > **a headsquare**

(UN) CARREAU
-une des 4 couleurs de jeu de cartes >
diamonds
--plaque de céramique > **a tile**
--vitre > **a pane**
--flèche d'arbalète > **a bolt**

Ă CARREAUX
-motif sur papier > **squared**
-motif sur tissu > **checked**

UNE CARRIÈRE
-mine de pierres > **a quarry**
-suite d'étapes dans une profession >
a career

UNE CARTE
-feuille de carton flexible > **a card**
-plan > **a map**
-liste des plats d'un restaurant > **a
menu**
-moyen de paiement > **a credit card**

DU / UN CARTON
-matière > **cardboard**
--boite de rangement > **a cardboard
box**
--avertissement au football > **a card**
--(*fam*) succès > **a hit**
--(*fam*) accident de la route > **a crash**

UNE / UN CARTOUCHE
-munition > **a cartridge**
-emballage groupant plusieurs
paquets de cigarettes > **a carton (of
cigarettes)**
-recharge d'encre (*de stylo,
imprimante …*) > **a cartridge**
--emplacement réservé au titre sur un
dessin > **a sidebar**

UNE CASCADE
-chute d'eau > **a waterfall**
-acrobatie > **a stunt**

UN CASIER
-compartiment de rangement fermé >
a locker
-case de rangement ouverte > **a box**

-nasse pour la pêche > **a lobster pot**
-recueil judiciaire > **a (criminal) record**

UN CASQUE
-protection de tête > **a helmet**
-appareil audio pour les oreilles > **a
headset**
-outil chauffant de coiffeur pour mise
en pli > **a (hair) dryer**

UNE / UN CASSE
- cimetière de voitures > **a wrecking
yard**
-taille des caractères en imprimerie > **a
case**
-dégât > **a breakage**
--(*argot*) hold up > **a hold-up**

UN CASSIS
-fruit > **a blackcurrant**
-déformation de la chaussée > **a dip in
the road**

CAUSER
-provoquer > **to cause**
-(*fam*) parler > **to talk**

(UN / LE) CAVALIER
-sans gêne > **cavalier**
--personne à cheval > **a rider**
--accompagnateur > **a partner**
--militaire servant dans la cavalerie > **a
cavalry man**
--pièce adaptable pour repérer les
dossiers > **a tab**
--clou > **a staple**
---pièce de jeu d'échec > **the knight**
---carte de tarot > **the knight**

(UNE) CAVE
-creusé > **sunken**
--local souterrain souvent vouté > **a
cellar**
--(*fam*) personne dupe et crédule > **a
sucker**
--mise d'argent au jeu > **a stake**

CÉDER
-abandonner > **to give up**

-vendre à un certain prix > **to sell**
-donner > **to give**
-se rompre > **to break**

CÉLÉBRER
-commémorer, fêter > **to celebrate**
-louer, vanter > **to praise**

UNE CÉLÉBRITÉ
-renommée > **a fame**
-personne célèbre > **a celebrity**

UNE CELLULE
-élément fondamental des êtres vivants > **a cell**
-pièce où l'on vit isolé (*prison, monastère…*) > **a cell**
-groupe très spécialisé > **a cell**

(UN) CENT
-100 > **one hundred**
--division de l'euro > **a cent**

(UN) CENTENAIRE
-âgé de 100 ans > **century-old**
--personne âgée de 100 ans ou plus > **a centenarian**
--commémoration d'un événement > **a centenary**

(UN / LE) CENTRAL
-qui est au centre > **central**
-principal > **main**
--centre de télécommunications > **an exchange**
---cours principal d'un cours de tennis > **the centre court**

UNE CERNE
-cercle sombre autour des yeux > **a dark ring**
-cercle concentrique sur un tronc d'arbre > **an annual ring**
-auréole > **a ring**
-en dessin, contour foncé > **an outline**

CERTAIN
-incontestable > **certain**
-convaincu > **sure**

-pronom indéfini > **some**

(DE LA / UNE) CHAIR
-couleur beige > **flesh-coloured (*UK*) / flesh-colored (*USA*)**
--viande hachée pour préparation culinaire > **sausage meat**
---tissu mou > **a flesh**
---pulpe de fruit > **a pulp**

UN CHALAND
-bateau > **a barge**
-client d'une boutique > **a customer**

CHAMBRER
-œnologie : porter à bonne température > **to bring to room temperature**
-(*fam*) se moquer > **to tease**

UNE CHAMBRIÈRE
-femme de chambre > **a chambermaid**
-long fouet dans les manèges à chevaux > **a lunge whip**

UN CHAMEAU
-animal > **a camel**
-(*fam*) personne méchante > **a nasty person**

UN / LE CHAMPIGNON
-mycète > **a mushroom**
-parasite > **a fungus**
--pédale d'accélérateur > **the accelerator**

UNE CHANDELLE
-bougie > **a candle**
-figure de gymnastique > **a shoulder stand**
-figure au rugby > **an up-and-under**
-figure d'acrobatie aérienne > **a chandelle**
-morve pendant au nez > **a trickle of snot**
-pièce de bois ou de métal servant d'étai > **a prop**

UN CHANFREIN
-partie antérieure de la tête d'un animal > **a muzzle**
-surface oblique obtenue en abattant l'arrête d'une pierre ou d'une pièce en bois > **a chamfer**

UN CHANGE
-conversion d'une monnaie > **an exchange**
-changement de la couche d'un bébé > **a change of nappy (UK) / a change of diaper (USA)**
-tenue de rechange > **a change of clothes**

UN CHANGEMENT
-modification > **a change**
-correspondance dans les transports en commun > **a connection**

UNE CHANTERELLE
-champignon > **a chanterelle**
-corde la plus aiguë d'un instrument > **an E-string**
-appeau à oiseau > **a decoy**

UN CHANTIER
-lieu de travaux > **a (building) site**
-(*fam*) lieu où règne un grand désordre > **a mess**

UNE CHAPE
-dalle de béton > **a screed**
-partie extérieure d'un pneu > **a tread (of tyre)**
-pièce circulaire recevant l'extrémité d'un essieu > **a shell**
-vêtement liturgique en forme de grande cape > **a cope**

(UN) CHAPEAU
-bravo! > **welldone!**
--couvre chef > **a hat**
--partie supérieure des chanpignons > **a cap**
--courte introduction en tête d'un article de journal > **an introductory paragraph**

UN CHAPERON
-capuchon (*ex: le petit chaperon rouge*) > **a hood (*the little red riding hood*)**
-accompagnant > **a chaperone**

UN CHAPITEAU
-tente de cirque > **a (circus) tent**
-architecture : élément qui forme le sommet d'une colonne > **a capital**
-partie supérieure d'un alambic > **a head**

UN CHAR
-tank > **a tank**
-voiture décorée pour parader > **a float**
-voiture romaine > **a chariot**

UNE CHARGE
-dépense obligatoire > **a burden**
-poids porté > **a load**
-mission confiée à qqun > **a task**
-responsabilité > **a charge**
-quantité d'électricité portée par un corps > **a charge**
-quantité de poudre d'un explosif > **a charge**
-assaut > **an assault**
-critique accusatrice > **an accusation**

CHARGER
-remplir un véhicule > **to load**
-prendre en charge des clients par un moyen de transport > **to take**
-introduire une cartouche dans le chargeur d'une arme > **to load**
-emmagasiner de l'énergie dans une baterie > **to charge**
-confier une responsabilité à qqun > **to make sb responsible for**
-incriminer > **to give evidence against**
-se précipiter violemment sur > **to charge at**
-mettre trop d'un ingrédient > **to overload with**

UN CHAROGNARD
-animal qui se nourrit d'animaux morts
> **a carrion eater**
-(*fam*) personne sans scrupule qui tire
profit du malheur d'autrui > **a vulture**

UNE CHAROGNE
-dépouille d'un animal > **a carrion**
-(*fam*) personne immonde > **a bastard**
(*male*) **/ a bitch (***femal***)**

UNE CHARPENTE
-assemblage en bois formant le toit > **a**
framework
-structure principale > **a backbone**
-squelette > **a skeleton**
-carrure > **a built**

(UNE) CHARRETTE
-(*fam*) débordé > **overworked**
--véhicule à deux roues > **a cart**
--ensemble des personnes licenciées
en même temps d'une entreprise > **a**
round of redundancies

CHARRIER
-emporter dans un cours d'eau > **to**
carry
-(*fam*) se moquer > **to tease**
-(*fam*) exagérer > **to go too far**

(UN) CHAT
-jeu > **tag**
--animal > **a cat**
--communication entre plusieures
personnes sur le réseau internet > **IM**
(instant messaging)

UNE CHÂTAIGNE
-fruit du châtaignier > **a chestnut**
-(*fam*) décharge électrique > **an**
electric shock
-(*fam*) coup de poing > **a punch**

UN CHATON
-bébé chat > **a kitten**
-amas de poussière > **a ball of fluff**
-inflorescence souple > **a catkin**

-partie centrale d'une bague où on fixe
la pierre > **a bezel**

CHAUD
-de température élevé > **hot**
-qui garde la chaleur > **warm**
-enthousiaste > **ardent**
-difficile faute de temps > **tight**
-porté sur le sexe > **randy**
-échauffé pour un sportif > **warmed up**
-mal famé en parlant d'un quartier >
red-light (district)

CHAUDEMENT
-de façon à être chaud > **warmly**
-chaleureusement > **warmly**

UN CHAUSSON
-chaussure d'intérieur > **a slipper**
-chaussure de danse > **a ballet shoe**
-viennoiserie (*chausson aux pommes*)
> **a turnover (***an apple turnover***)**

UN / LE CHEF
-dirigeant > **a boss**
-cuisinier > **a chef**
-(*fam*) as, champion > **an ace**
--la tête > **the head**

UNE CHEMINÉE
-conduit d'évacuation > **a chimney**
-encadrement du foyer qui fait saillie
dans une pièce > **a fireplace**
-conduit de volcan > **a vent**

UNE CHEMISE
-vêtement > **a shirt**
-dossier > **a folder**

UNE CHENILLE
-larve de papillon > **a caterpillar**
-bande à maillons des chars > **(***pl***)**
caterpillar tracks

CHER
-onéreux > **expensive**
-affectionné > **dear**

UN CHEVALET
-support sur lequel on pose une toile > **an easel**
-support des cordes d'un instrument de musique > **a bridge**
-tréteau > **a trestle**

UNE CHEVILLE
-anatomie > **an ankle**
-fixation d'une vis > **a screw anchor**
-clou de bois > **a dowel**
-outil de réglage de la tension des cordes d'un instrument de musique > **a peg**
-barre métallique où sont accrochées les carcasses dans un abattoir > **a hook**

UNE / UN CHÈVRE
-animal > **a goat**
--fromage > **a goat's cheese**

UN CHEVRIER
-éleveur de chèvres > **a goatherd**
-flageolet vert > **a chevrier bean**

(LE) CHIC
-élégant > **smart**
-sympathique, généreux > **nice**
-chouette! > **great!**
--l'élégance > **the style**
--manie naturelle > **the knack**

UNE CHICANE
-passage en zig-zag > **a chicane**
-querelle sur des détails > **a bickering**

CHICHE
-avare > **mean**
-peu abondant > **meagre (*UK*) / meager (*USA*)**
-capable > **able**
-pourquoi pas ? > **want to bet ?**

UN CHICOT
-reste de dent cassée ou carriée > **a stump**
-souche d'un arbre coupé ou rompu > **a stump**

(UN / DU / LE) CHIEN
-(*fam*) avare > **mean**
--animal > **a dog**
--percuteur de pistolet > **a hammer**
---attrait, originalité > **sex-appeal**
----ensemble de carte au tarot > **the dog**

UN CHIFFONNIER
-personne qui ramasse des chiffons > **a ragman**
-meuble > **a chiffonier**

(UN) CHINOIS
-de la Chine > **Chinese**
--petite passoire > **a strainer**

UNE CHINOISERIE
-objet de décoration d'inspiration chinoise > **a Chinese ornament**
-exigence inutile et compliquée > **a hair-splitting**

UNE CHIQUE
-morceau de tabac à mâcher > **a quid (of tobacco)**
-gonflement de la joue en rapport avec une rage de dent > **a swollen cheek**
-puce des pays tropicaux > **a jigger**

UN CHOC
-collision > **an impact**
-émotion violente > **a shock**
-défaillance cardio-vasculaire > **a shock**
-affrontement > **a clash**

CHOQUER
-rentrer en collision > **to crash into**
-scandaliser > **to shock**

(UN) CHOU
-gentil, mignon > **nice**
--légume > **a cabbage**
--pâtisserie > **a choux pastry**

LE / UN CHOUCHOU
-personne préférée > **the pet**

--élastique à cheveux en tissu > **a scunchy**

(UNE) CHOUETTE
-super! > **great!**
-(*fam*) sympathique > **nice**
--oiseau > **an owl**

UN / LE CIGARE
-cylindre de feuilles de tabac roulées > **a cigar**
--(*fam*) tête > **the head**

LE / UN CINÉMA
-art > **the cinema**
-industrie > **the film industry**
--lieu de projection de films > **a cinema**
--(*fam*) caprice > **a fuss**

UN / LE CINTRE
-objet de suspension pour vêtements > **a (coat) hanger**
-architecture : courbure d'un arc ou d'une voute > **an arch**
--partie d'un théâtre située au-dessus de la scène > **the rigging loft**

UN CIRCUIT
-itinéraire > **a tour**
-montage électrique > **a circuit**
-parcours de course automobile > **a track**

(UNE) CIRCULAIRE
-en forme de cercle > **circular**
--note de service > **a circular**

(UN) CIRÉ
-enduit de cire > **polished**
--imperméable > **an oilskin**

UN CIRQUE
-troupe de spectacle sous chapiteau > **a circus**
-relief > **a cirque**
-(*fam*) agitation, désordre > **a fuss**

UN CISEAU
-outil à bois > **a chisel**
-technique de saut > **a scissors hold**

UNE CITATION
-passage d'un texte > **a quote**
-assignation à comparaitre en justice pour un témoin > **a summoning**
-assignation à comparaitre en justice pour un accusé > **a subpoena**
-dans l'armée, récompense pour une action d'éclat > **a mention**

UN / LE CITRON
-fruit > **a citrus**
--(*fam*) tête > **the head**

CLAIR
-contraire de foncé > **light**
-facilement intelligible > **clear**
-évident > **clear**
-limpide (*son, eau…*) > **clear**
-peu consistant (*soupe…*) > **thin**

UN CLAPET
-partie mobile d'une soupape > **a valve**
-(*fam*) bouche d'une personne bavarde > **a mouth**

UNE CLARTÉ
-lumière > **a light**
-luminosité > **a brightness**
-limpidité (*de son, de l'eau…*) > **a clearness**
-intelligibilité > **a clarity**

UNE CLASSE
-catégorie, niveau > **a class**
-élégance > **an elegance**
-salle d'école > **a classroom**
-cours / élèves d'un cours > **a class**
-niveau scolaire > **a form (*UK*) / a grade (*USA*)**

UNE CLAYETTE
-étagère amovible > **a shelf**
-cageot > **a crate**

UNE CLÉ
-pièce métalique servant à ouvrir une porte > **a key**
-ce qui permet l'accès à qqch > **an introduction**
-solution > **a key**
-élément de notation musicale > **a clef**
-pièce mobile qui ouvre ou bouche les trous d'un instrument à vent > **a finger plate**
-outil > **a spanner (UK) / a wrench (USA)**
-prise de sport de combat > **an armblock**
-claveau central d'une voute > **a keystone**

CLÉMENT
-indulgent > **lenient**
-doux en parlant du climat > **mild**

UN CLERC
-ecclésiastique > **a cleric**
-employé d'une étude de notaire > **a (notary's) clerk**

UN CLICHÉ
-image photographique > **a shot**
-lieu commun > **a cliché**

UN CLIMAT
-conditions météorologiques > **a climate**
-ambiance > **a climate**

UN CLIP
-pince à ressort > **a clip**
-court métrage > **a video**

UNE CLOCHE
-instrument de bronze à percussion > **a bell**
-couvercle d'assiette > **a cover**
-(fam) personne stupide > **an idiot**

(UN) CLOCHER
-présenter un défaut > **to be wrong**
--bâtiment d'église > **a church tower**

UNE CLOQUE
-bulle sur la peau > **a blister**
-boursoufflure (sur une peinture, du papier-peint…) > **a blister**

CLORE
-fermer > **to shut**
-entourer d'une clôture > **to enclose**
-terminer > **to end**

CLÔTURER
-entourer d'une barrière > **to enclose**
-mettre fin à > **to end**

UN CLOU
-morceau de métal pointu pour fixer > **a nail**
-principale attraction d'un spectacle > **a centrepiece**

UN CLUB
-association de personnes > **a club**
-crosse de golf > **a club**

UN COBAYE
-mammifère > **a guinea pig**
-sujet d'expérience > **a guinea pig**

(UN) COCHER
-marquer d'une croix > **to tick (UK) / to check (USA)**
--conducteur d'une voiture à cheval > **a coachman**

UN COCHON
-animal > **a pig**
-personne sale et non soigneuse > **a pig**
-personne vicieuse > **a lecher**

UN COKTAIL
-mélange de boissons > **a cocktail**
-réception avec buffet > **a cocktail party**
-(fig) mélange > **a mix**

DE LA / MON / UN COCO
-fruit > **coconut**
--terme affectif > **my darling**

---œuf en langage enfantin > **an egg**
---sorte de haricot > **a coco bean**
---*(fam)* individu étrange, peu
recommandable > **a shady customer**
---abréviation péjorative de
communiste > **a commie**

UN COCON
-enveloppe des larves d'insectes > **a cocoon**
-lieu protecteur et agréable > **a cocoon**

(UNE) COCOTTE
-terme affectif > **darling**
--marmite > **a casserole dish**
--poule en langage enfantin > **a hen**
--femme de mœurs légères > **a tart**

UN CODE
-ensemble des lois et règlements > **a code**
-combinaison > **a code**
-système de chiffrement > **a code**

UN / LE / DU CŒUR
-organe > **a heart**
-partie centrale la plus profonde de
qqch > **a heart**
--point essentiel > **the central point**
---bonté > **kindness**
---courage > **courage**
---une des quatre couleurs de cartes > **hearts**

UN COFFRE
-meuble > **a chest**
-coffre-fort > **a safe**
-partie de voiture > **a boot (***UK***) / a trunk (***USA***)**

COFFRER
-poser un coffrage > **to form**
-*(fam)* mettre en prison > **to put behind bars**

COIFFER
-arranger les cheveux > **to do one's hair**

-mettre sur la tête > **to put on**
-surmonter > **to cover**
-être à la tête de, chapeauter > **to head up**

COINCER
-immobiliser > **to wedge**
-écraser > **to crush**
-mettre en difficulté > **to trap**
-prendre en faute > **to catch**

UN COL
-partie d'un vêtement > **a collar**
-passage entre deux montagnes > **a pass**
-partie étroite et rétrécie en particulier
d'une carafe > **a neck**
-organe de l'anatomie utérine > **a cervix**

(UNE) COLIQUE
-relatif au colon > **colonic**
--douleur abdominale > **a colic**
--diarrhée > **a diarrhoea (***UK***) / a diarrhea (***USA***)**

(UN) COLLANT
-qui colle > **sticky**
-moulant > **skin-tight**
-inopportun, dont on ne peut se
débarrasser > **clingy**
--sous-vêtement > **(***pl***) tights**

DE LA / UNE COLLE
-substance adhésive > **glue**
--punition à l'école > **a detention**
--interrogation orale ou écrite > **an oral test**
--question difficile à résoudre > **a riddle**

UN COLLÈGE
-établissement d'enseignement > **a college**
-réunion de personnes ayant la même
fonction > **a college**

UN / LE CÔLON
-habitant d'une colonie > **a settler**
--organe > **the colon**

UNE COLONIE
-territoire occupé > **a settlement**
-groupe d'expatriés > **a community**
-groupe d'animaux ayant une vie
collective > **a colony**
-centre de vacances pour enfants > **a
summer camp**

UNE COLONNE
-support architectural > **a column**
-masse d'un fluide contenu dans un
cylindre vertical > **a column**
-section verticale qui divise une page
de livre > **a column**
-disposition verticale de qqch > **a
column**
-rachis > **a spine**
-file de personnes > **a line**

(UN) COMBINÉ
-associé > **combined**
--appareil d'écoute > **a receiver**
--sous-vêtement faisant gaine et
soutien-gorge en même temps > **a
corselet**
--épreuves sportives associées > **a
combined competition**
--mélange > **a mix**

COMBLER
-remplir complètement qqch de creux
> **to fill in sth**
-satisfaire un manque > **to fill**
-satisfaire pleinement les attentes de
qqun > **to satisfy sb**

UNE COMMANDE
-bouton pour diriger une machine > **a
control button**
-ordre à un fournisseur pour une
livraison > **an order**

COMMANDER
-être le chef > **to be in charge of**
--ordonner > **to order sb to do sth**

-passer commande > **to order**
-choisir ses plats au restaurant > **to
order**
-faire fonctionner une machine > **to
control**

COMME
-exprime la comparaison > **as**
-exprime la manière > **as**
-exprime la cause > **since**
-exprime la simultanéité > **as**
-exprime l'intensité > **how**
-en tant que > **as**

UN COMMERCE
-activité > **a trade**
-magasin > **a shop**

UNE COMMISSION
-message que l'on confie à qqun > **a
message**
-course > **an errand**
-groupe désigné par une assemblée >
a commission
-pourcentage laissé à un intermédiaire
> **a commission**
-pot de vin > **a blackhander**

(UNE) COMMODE
-pratique, facile > **convenient**
--meuble à tiroirs > **a chest of
drawers**

COMMUN
-qui appartient à plusieurs > **shared**
-ordinaire > **common**

UNE COMMUNICATION
-échange d'informations > **a
communication**
-liaison entre deux choses > **a
communication**
-exposé lors d'une conférence > **a
lecture**
-coup de téléphone > **a call**

UNE COMPAGNIE
-présence > **a company**
-troupe de théâtre > **a company**

-société commerciale > **a company**
-troupe de militaires > **a company**

UN COMPARTIMENT
-case > **a compartment**
-division dans un wagon > **a compartment**
-poche dans un sac > **a pocket**

UN COMPAS
-outil pour tracé des cercles > **(a pair of) compasses**
-instrument de navigation > **a compass**

(UN) COMPLET
-total > **whole**
-à quoi il ne manque rien, intégral > **complete**
-où il ne reste plus de place > **full**
-non raffiné (*aliment*) > **wholemeal**
--costume de ville masculin > **a three-piece suit**

(UN) COMPLEXE
-compliqué > **complicated**
--ensemble d'installations > **a facility**
--sentiment de dévalorisation > **a complex**

COMPOSTER
-valider son billet > **to punch (a ticket)**
-transformer en compost > **to compost**
-dater > **to (date) stamp**

COMPRÉHENSIBLE
-intelligible > **comprehensible**
-excusable > **understandable**

COMPRENDRE
-saisir le sens > **to understand**
-admettre des raisons avec indulgence > **to understand**
-inclure, contenir > **to contain**

(UN) COMPRIMÉ
-compressé > **compressed**
--médicament > **a tablet**

(UN) COMPTABLE
-qui concerne les opérations de comptabilité > **accounting**
-dénombrable > **countable**
-garant de > **responsible for**
--professionnel de la comptabilité > **an accountant**

UN COMPTE
-calcul > **a count**
-produit bancaire > **an account**
-note chez un commerçant > **an account**

UN COMPTOIR
-table haute et étroite sur laquelle on sert les consommations dans un bar > **a bar**
-table longue, en particulier dans un magasin > **a counter**
-établissement commercial (*souvent situé à l'étranger*) > **a branch**
-historiquement, relai commercial entre pays étrangers > **a trading post**

UN / DU COMTÉ
-division administrative > **a county**
-territoire d'un comte > **an earldom**
--fromage > **Comté (cheese)**

UNE CONCENTRATION
-attention > **a concentration**
-regroupement > **a concentration**
-en chimie, masse d'un corps dissout dans un liquide > **a concentration**

UNE CONCEPTION
-élaboration, création > **a design**
-opinion > **an idea**
-fécondation > **a conception**

UNE CONCESSION
-compromis, renoncement > **a concession**
-magasin de voiture > **a (car) dealership**
-terrain > **a plot**

CONCLURE
-régler par un accord > **to conclude**
-terminer > **to end**
-déduire > **to conclude**

UN CONCOURS
-compétition > **a competition**
-examen sélectif > **a contest**
-coopération > **a support**

CONDAMNER
-juger coupable > **to sentence**
-blâmer > **to condemn**
-fermer une ouverture > **to block**
-vouer à l'échec > **to doom**

Ă / UNE CONDITION
-si > **provided that**
--préalable > **a condition**
--situation sociale > **conditions**
--forme physique > **a condition**
--état, situation (*condition féminine, humaine…*) > **a condition**

UN CONDUCTEUR
-pilote > **a driver**
-élément qui transmet l'électricité > **a conductor**

UNE CONFESSION
-aveu > **a confession**
-croyance religieuse > **a religion**

UN CONFIDENT
-personne à qui on livre ses pensées secrètes > **a confidant**
-double fauteuil en S > **a courting bench**

CONFIDENTIEL
-secret > **confidential**
-restreint > **restricted**

CONFONDRE
-prendre une chose pour une autre > **to confuse**
-démasquer > **to foil**
-décontenancer > **to baffle**

CONFUS
-embrouillé > **confused**
-embarrassé > **embarrassed**

(UN) CONGOLAIS
-du Congo > **Congolese**
--habitant du Congo > **a Congolese**
--petit gâteau à la noix de coco > **a coconut cake**

CONJUGUER
-décliner un verbe > **to conjugate**
-unir, combiner > **to combine**

UNE CONJURATION
-complot > **a conspiracy**
-incantation > **a conjuration**

CONJURER
-supplier > **to beg**
-écarter par des pratiques magiques > **to ward off**
-écarter un danger > **to ward off**

UNE CONNAISSANCE
-savoir > **a knowledge**
-relation > **an acquaintance**
-état d'éveil (*une perte de connaisance*) > **consciousness (*a loss of* consciousness)**

CONNU
-célèbre > **famous**
-su > **known**

CONSÉCUTIF
-qui se suit immédiatement > **consecutive**
-qui résulte de > **consequential**

UN CONSEIL
-recommandation > **a piece of advice**
-assemblée > **a board**
-consultant > **a consultant**

CONSÉQUENT
-important, considérable > **substantial**
-cohérent > **consistent**

(UN) CONSERVATEUR
-qui garde > **custodian of**
-du parti conservateur > **conservative**
--membre du parti conservateur > **a conservative**
--adjuvant alimentaire > **a preservative**
--directeur de musée > **a curator**

CONSERVER
-maintenir en bon état > **to preserve**
-stocker > **to keep**

UNE CONSIDÉRATION
-examen attentif > **a consideration**
-estime, respect > **a respect**

UNE CONSIGNE
-instruction formelle > **an instructon**
-dépôt de bagages dans une gare > **a left-luggage office**
-punition, colle > **a detention**
-somme remboursable > **a deposit**
-mesure de sécurité maintenant les militaires dans leur caserne > **a confinement to barracks**

CONSIGNER
-mettre en dépôt à titre de garantie > **to deposit**
-facturer un emballage sans garantie de remboursement > **to put a deposit**
-inscrire dans un acte > **to record**
-priver de sortie > **to keep in detention**
-maintenir les militaires dans leur caserne > **to confine to barracks**

UNE CONSOLE
-meuble > **a console table**
-périphérique d'un ordinateur > **a console**

UN CONSOMMATEUR
-personne qui achète des biens > **a consumer**
-personne qui boit dans un café ou mange dans un restaurant > **a customer**

(UN) CONSOMMÉ
-utilisé > **consumed**
-parfait, accompli > **consummate**
-bouillon de viande > **a consommé**

CONSTANT
-invariable > **unchanging**
-perpétuel > **continual**

UNE CONSTITUTION
-ensemble des caractéristiques d'un individu > **a constitution**
-composition > **a composition**
-ensemble de textes fondamentaux > **a constitution**
-création > **a building up**

UNE CONTENANCE
-capacité > **a capacity**
-attitude > **an attitude**

(UN) CONTENU
-inclus dans > **included**
-réprimé > **restrained**
--ce qui est dans un contenant > **(pl) contents**
--ce qui est exprimé dans un récit > **(pl) contents**

(UN) CONTINENT
-qui maitrise ses sphincters > **continent**
--vaste étendue de terre > **a continent**

(UN) CONTINGENT
-sans importance > **incidental**
--troupe > **a contingent**
--quota > **quota**

CONTRACTER
-réduire de volume > **to contract**
-rendre nerveux > **to make tense**
-raidir un muscle > **to contract**
-attraper une maladie > **to catch**
-souscrire une assurance > **to take out**
-faire une dette > **to incur**
-réduire une forme en linguistique > **to contract**

(UN / LE) CONTRE
-qui repose sur > **against**
-en opposition avec > **against**
-pour protéger de > **against**
-en échange de > **for**
--riposte > **a block**
---inconvéniant (*le pour et le contre*) >
cons (the pros and cons)

CONTRÔLER
-vérifier > **to check**
-maitriser > **to control**

CONVENIR
-satisfaire > **to suit**
-organiser (*rendez-vous, rencontre…*)
> **to arrange**
-admettre > **to admit**

(DES) COORDONNÉES
-(*adj fem*) assorties > **matching**
-(*adj fem*) organisées > **coordinated**
--en mathématiques : abscisses et
ordonnées > **coordinates**
--points géographiques de situation >
coordinates
--renseignements permettant de
joindre qqun > **(contact) details**

UNE COQUE
-coquillage > **a cockle**
-carcasse d'un bateau > **a hull**
-enveloppe rigide de protection (*fruits,
mollusques…*) > **a shell**

UNE COQUILLE
-enveloppe (*noix, œuf…*) > **a shell**
-protection génitale dans certains
sports > **a groin guard**
-faute typographique > **a misprint**

UN COR
-instrument de musique > **a horn**
-callosité sur un orteil > **a corn**
-chacune des branches du bois d'un
cerf > **an antler**

UN CORBEAU
-oiseau > **a raven**
-auteur de lettres anonymes > **a
poison-pen letter writer**

UNE CORNE
-organe en ivoire sur la tête de certain
mammifère > **a horn**
-callosité faite de peau morte > **a
callus**
-repère fait au coin d'une feuille > **a
dog-ear**

UNE CORRECTION
-rectification > **a correction**
-notation de devoir scolaire > **a
grading**
-châtiment corporel > **a beating**
-bienséance > **a propriety**

UNE CORVÉE
-travail pénible > **a chore**
-travail dans l'intérêt de la
communauté > **a duty**

UNE COTE
-mesures portées sur un plan > **a
measurement**
-cours de certaines marchandises > **a
quotation**
-estimation (*popularité…*) > **a rating**
-marque pour classer > **a mark**

UNE CÔTE
-os > **a rib**
-pièce de viande de bœuf > **rib**
-pièce de viande de veau, porc ou
agneau > **a chop**
-maille en tricot > **a rib**
-pente d'un chemin > **a hill**
-rivage de la mer > **a coast**

UNE COTTE
-salopette > **(pl) overhalls**
-tunique du moyen-âge > **a mail
(armour)**

UNE COUCHE
-épaisseur > **a layer**
-catégorie > **a level**
-change de bébé > **a nappy (UK) / a diaper (USA)**
-lit > **a bed**

COUCHER
-mettre au lit > **to put to bed**
-étendre sur une surface plane > **to lay down**
-consigner par écrit > **to write down**
-avoir des relations sexuelles > **to sleep with**

(UN) COUCOU
-bonjour ! > **hi !**
--oiseau > **a cuckoo**
--plante à fleurs jaunes fleurissant au printemps > **a cowslip**
--vieil avion > **an old crate**
--horloge > **a cuckoo clock**

UNE COUETTE
-édredon > **a duvet**
-coiffure > **a bunch**

COULANT
-dégoulinant > **runny**
-indulgent > **easy-going**

UN COUP
-choc > **a blow**
-hématome > **a bruise**
-décharge d'une arme à feu > **a shot**
-quantité de liquide bue en une fois > **a drinck of**
-action > **a job**
-habileté > **a knack**
-bruit > **a knock**
-fois > **a time**
-déplacement aux échecs > **a move**
-(argot) partenaire sexuel > **a shag**

UNE COUPE
-verre à champagne > **a champagne glass**
-récipient à bords larges > **a bowl**
-trophée > **a cup**

-coiffure > **a hair-cut**
-taille, tonte (arbres, animaux…) > **a cutting**
-taille en couture > **a cut**
-représentation graphique selon une certaine section > **a cross-section**
-séparation d'un jeu de carte en deux paquets > **a cut**

UN COUPLE
-deux personnes mariées ou vivant ensemble > **a couple**
-ensemble de deux individus d'une même espèce > **a pair**
-ensemble d'actions mécaniques > **a couple**

UN COUPON
-métrage d'étoffe restant d'une pièce de tissu > **a remnant**
-billet échangeable > **a voucher**
-formulaire papier détachable > **a coupon**

UNE COUPURE
-blessure par un instrument tranchant > **a cut**
-suppression de certains passages (d'un livre, d'un film…) > **a deletion**
-interruption d'alimentation (en gaz, électricité...) > **a cut**
-billet de banque > **a bill (UK) / a note (USA)**
-article de journal > **a clipping**
-pause > **a break**

UNE COUR
-espace découvert limité par des bâtiments > **a courtyard**
-espace de récréation dans une école > **a schoolyard**
-ensemble de magistrats > **a court**
-entourage d'un roi > **a court**
-manœuvres de séduction > **a court**

(UN) COURANT
-habituel > **common**
-en cours > **curent**
-pendant > **during**

--déplacement d'un fluide > **a current**
--énergie électrique > **a current**
--tendance > **a trend**

UN COUREUR
-personne qui participe à une course > **a runner**
-(*péj*) séducteur > **a womanizer**

UNE COURONNE
-insigne royal porté sur la tête > **a crown**
-partie visible d'une dent > **a crown**
-préparation florale pour funérailles > **a wreath**
-monnaie de certains pays comme la Suède > **a krown**

UN COURS
-trajet d'un fleuve > **a flow**
-déroulement > **a course**
-taux auquel se négocie qqch > **a rate**
-avenue souvent plantée d'arbre servant de promenade > **an avenue**
-leçon > **a course**
-établissement d'enseignement privé > **a school**

UNE COURSE
-compétition de vitesse > **a race**
-action de courir > **a running**
-achat chez un marchand > **an errand**
-prix du trajet en taxi > **a fare**
-déplacement d'un corps (*dans le ciel…*) > **a course**

(UN) COURT
-contraire de long > **short**
-petit > **small**
--terrain de tennis > **a court**

UN COUSIN
-fils d'une tante ou d'un oncle > **a cousin**
-moustique > **a daddy-longlegs**

UN COUTEAU
-instrument tranchant > **a knife**
-mollusque > **a solen**

COÛTER
-être vendu à un prix > **to cost**
-entraîner des dépenses ou pertes > **to cost**
-entraîner des efforts > **to cost**

COUVER
-tenir des œufs au chaud sous son corps pour les faire éclore > **to brood**
-entourer de soins attentifs souvent excessifs > **to pamper**
-se préparer, être latent > **to be brewing**
-être en phase d'incubation d'une maladie > **to be coming down with**

(UN) COUVERT
-abrité > **indoor**
-enduit > **covered**
-protégé > **covered**
-nuageux > **overcast**
--élément de vaisselle > **cutlery**
--repas servis dans un restaurant > **(*pl*) covers**

UNE COUVERTURE
-pièce d'étoffe chaude > **a blanket**
-constitution d'un toit > **a roofing**
-partie extérieure d'un livre ou d'un cahier > **a cover**
-protection > **a cover**
-reportage sur un évènement > **a coverage**
-fausse identité (*sous couverture*) > **a cover (*under cover*)**

UN / DU CRAN
-encoche > **a notch**
-ondulation d'un cheveu > **a (hair) wave**
--courage > **guts**

UN CRAPAUD
-animal > **a toad**
-fauteuil > **a squat armchair**
-piano > **a baby grand piano**
-défaut de pierre précieuse > **a flaw**

CRAQUER
-produire un bruit sec > **to creak**
-se déchirer > **to split**
-céder > **to crack**
-avoir une grande défaillance > **to break down**
-allumer une allumette > **to strike a match**
-tomber sous le charme de qqun > **to find sb irresistible**

DE LA / UNE CRASSE
-saleté > **grime**
--*(fam)* mauvais tour > **a dirty trick**

UN CRATÈRE
-cavité de volcan > **a crater**
-trou formé par une explosion > **a crater**
-grand vase à deux anses > **a crater**

UN CRÉDIT
-crédibilité > **a credibility**
-délai de paiement avec intérêts > **a credit**
-ensemble des sommes allouées sur un budget > **a credit**
-contraire de débit sur un relevé de compte > **a credit**

(UNE) CRÈME
-blanc cassé > **cream**
--produit laitier > **a cream**
--produit de beauté > **a cream**

UN CRÉNEAU
-ouverture répétée sur un parapet, comme dans les châteaux forts > **a crenel**
-courte période disponible dans un emploi du temps > **a slot**
-segment de marché où peut être exploité un type de produit > **a niche**
-manœuvre pour se garer > **a parallel parking**

UNE / DU CRÊPE
-pâtisserie > **a pancake**
--tissu > **crepe**

UNE CRÊTE
-excroissance charnue sur la tête d'un oiseau > **a crest**
-sommet > **a crest**
-coupe de cheveux > **a mohawk**

CREUSER
-faire un trou > **to dig**
-approfondir par la réflexion > **to go into**
-ouvrir l'appétit > **to make hungry**

UN CREUX
-cavité > **a hollow**
-période d'activité ralentie > **a slack period**
-faim > **a hunger**

CREVER
-faire éclater > **to burst**
-être victime d'une crevaison > **to have a puncture**
-*(fam)* mourir > **to die**
-*(fam)* épuiser de fatigue > **to exhaust**

(LE) CRISTALLIN
-de la nature du cristal > **crystalline**
--organe de l'œil > **the crystalline lens**

(UNE / UN) CRITIQUE
-extrême, sérieux > **critical**
-qui émet des reproches > **critical**
--appréciation *(d'un texte, d'un plat…)* > **a review**
--remarque > **a criticism**
---analyste *(d'art, gastronomique…)* > **a critic**

UN CROCHET
-morceau de métal courbé > **a hook**
-outil de tricot > **a crochet hook**
-dent des serpents venimeux > **a fang**
-signe typographique [...] > **a square bracket**
-détour > **a detour**
-coup de poing > **a hook**

UN CROISEMENT
-intersection entre deux choses > **a cross**
-carrefour routier > **a crossroad**
-opération biologique de reproduction > **a crossbreed**
-rencontre > **a meeting**

(UN) CROISSANT
-qui augmente > **growing**
--forme échancrée de la lune > **a crescent (moon)**
--viennoiserie > **a croisant**

CROQUER
-mordre > **to crunch**
-dessiner sur le vif > **to sketch**
-dilapider en peu de temps > **to squander**

UNE / LA CROSSE
-bâton de hockey > **a (hockey) stick**
-partie d'une arme à feu > **a butt**
-courbure (de l'aorte…) > **an arch**
-bâton pastoral > **a crosier**
--sport canadien > **the crosse**

UNE CROTTE
-excrément > **a turd**
-bonbon au chocolat > **a chocolate**

UN CROTTIN
-excrément des chevaux > **a dung**
-fromage de chèvre > **a small round goat's milk cheese**

CROUSTILLANT
-craquant sous la dent > **crunchy**
-qui suscite l'intérêt par son caractère grivois > **spicy**

UN CROÛTON
-extrémité d'un pain > **a crust**
-morceau de pain frit > **a crouton**
-(fam) personne bornée et routinière > **a fossil**

(UN) CRU
-contraire de cuit > **raw**
-non pasteurisé (lait…) > **unpasterised (UK) / unpasterized (USA)**
-se dit d'une lumière brutale > **harsh**
-direct, sans détour > **blunt**
-choquant, grivois > **crude**
--vin de terroir > **a vineyard**

CUEILLIR
-récolter > **to pick**
-(fam) arrêter qqun > **to nab**

UNE / LA CUISINE
-pièce > **a kitchen**
-(fam) manœuvre, intrigue > **(pl) workings**
--art et manière de préparer les plats > **cooking**

CUISINER
-faire à manger > **to cook**
-(fam) interroger qqun avec insistance > **to interview**

UNE CUISINIÈRE
-femme qui fait à manger > **a cook**
-appareil électroménager > **a stove**

CUIT
-qui a subi une cuisson > **cooked**
-(fam) perdu, ruiné > **lost**
-(fam) ivre > **drunk**

DU / UN CUIVRE
-métal > **copper**
--catégorie d'instruments de musique > **a brass instrument**

UN CULOT
-fond métallique d'une ampoule > **a cap**
-(fam) audace > **a nerve**

CULTIVÉ
-mis en culture > **cultivated**
-érudit > **cultured**

UNE CULTURE
-exploitation de la terre > **a crop**
-ensemble des usages qui définissent une société > **a culture**
-érudition > **a knowledge**
-élevage biologique d'organismes vivants > **a culture**

CURIEUX
-intéressé > **curious**
-indiscret > **curious**
-surprenant > **curious**

UN CYCLE
-suite de phénomènes qui se manifestent dans un ordre immuable > **a cycle**

-ensemble d'œuvres littéraires groupées autour d'un même héros > **a cycle**
-division de l'enseignement secondaire > **a year**
-vélo > **a cycle**

(UN) CYCLISTE
-relatif au cyclisme > **cycling**
--personne qui pratique le cyclisme > **a cyclist**
--short collant > **a pair of cycling shorts**

Dd *Dd* *Dd*

ooooooooooooooooooooooooooooooooooooooooooooooooooooooooo

UN DAUPHIN
-animal > **a dolphin**
-héritier, successeur désigné > **a heir apparent**
-fils du roi > **a dauphin**

DÉBAUCHER
-inciter qqun à quitter son emploi > **to poach**
-licencier du personnel par manque de travail > **to lay off**
-dévergonder > **to corrupt**

UN DÉBIT
-volume émis par unité de temps > **a flow**
-flux électrique ou électronique > **a throughput**
-contraire de crédit en comptabilité > **a debit**

DÉBITER
-découper en morceaux > **to chunk**
-réciter avec monotonie > **to reel off**
-retirer une somme d'argent d'un compte > **to debit**
-produire par unité de temps > **to produce**

DÉBOUCHER
-ouvrir une bouteille > **to uncork**
-désobtruer > **to unblock**
-aboutir à > **to lead to**

DÉBRAYER
-manoeuvrer la pédale de débrayage d'une voiture > **to declutch**
-faire une courte grève > **to stop work**

UNE DÉCHARGE
-action de tirer avec une arme à feu > **a shot**
-coup de courant > **a discharge**
-lieu où l'on dépose des ordures > **a dump**
-acte par lequel on renonce à une obligation > **a discharge**
-physiologie : sécrétion > **a rush**

DÉCLINER
-perdre de ses forces > **to weaken**
-diminuer > **to decline**
-laisser place à la nuit en parlant du jour > **to fade**
-refuser avec politesse > **to decline**
-énumérer les différentes formes d'un verbe > **to decline**
-énoncer > **to state**

DÉCOIFFER
-déranger la coiffure > **to mess up sb's hair**
-(*fam*) produire une forte impression > **to take one's breath away**

DÉCOLLER
-détacher ce qui était collé > **to remove**
-s'envoler > **to take off**
-commencer à augmenter > **to take off**
-(*fam*) se mettre en mouvement > **to get moving**

UNE DÉCOMPOSITION
-putréfaction > **a decomposition**
-profonde désorganisation > **a breakdown**

-division d'une unité en sous éléments constituants > **an analysis**

UNE DÉCORATION
-ornement > **a decoration**
-médaille > **a medal**

DÉCORTIQUER
-débarrasser de son enveloppe > **to peel**
-analyser minutieusement > **to dissect**

(UN) DÉCOUVERT
-contraire de couvert > **uncovered**
-sans toit > **open**
--avance sur un compte en banque > **an overdraft**

DÉCROCHER
-détacher qqch de suspendu > **to take down**
-subir une perte brutale de portance dans un avion > **to stall**
-perdre sa concentration > **to switch off from**
-quitter une activité > **to give up**
-arrêter une addiction > **to get off**
-répondre à un appel téléphonique > **to pick up (the phone)**
-(*fam*) obtenir > **to get**

UNE DÉDUCTION
-soustraction > **a deduction**
-raisonnement logique > **a deduction**

UNE / LA DÉFENSE
-protection > **a defence (*UK*) / a defense (*USA*)**
-interdiction > **a prohibition**
-dent saillante d'éléphant > **a tusk**
--avocat de l'accusé > **the defence (*UK*) / the defense (*USA*)**

UN DÉFILÉ
-couloir naturel > **a defile**
-cortège > **a parade**
-succession continue de choses ou de personnes > **a succession**
-parade militaire > **a parade**

UN DÉGAGEMENT
-déblocage > **a clearing**
-émanation > **an emanation**
-espace libre dans une maison > **a hall**
-en sport de balle : envoi lointain > **a clearing shot**

DÉGRADER
-détériorer > **to deteriorate**
-destituer de son grade > **to demote**
-faire un fondu de couleurs > **to shade**
-couper les cheveux > **to layer**

DÉGRAISSER
-retirer la graisse > **to skim the fat off**
-diminuer les effectifs d'une entreprise > **to cut back on staff**

UNE DÉLIVRANCE
-libération > **a release**
-soulagement > **a relief**
-expulsion du placenta > **a delivery**
-action de remettre qqch à qqun > **an issue of sth to sb**

UNE DÉMARCHE
-façon de marcher > **a gait**
-procédure > **a procedure**
-raisonnement > **an approach**

DÉMETTRE
-luxer > **to dislocate**
-destituer > **to dismiss**

UNE DEMOISELLE
-jeune fille > **a young lady**
-insecte > **a chagon fly**

DÉNONCER
-signaler comme coupable > **to denounce**
-rompre un accord > **to breach**

DÉNOUER
-défaire un nœud > **to undo**
-résoudre > **to resolve**

DÉPANNER
-réparer > **to repair**
-rendre service à qqun > **to help sb out**

DÉPASSER
-être plus grand > **to be taller than**
-faire saillie > **to stick out**
-doubler > **to overtake**
-aller au-delà de la limite > **to exceed**

DÉPOTER
-ôter une plante d'un pot > **to transplant**
-(*fam*) être génial > **to rock**

UN DÉPOUILLEMENT
-dénuement > **a destitution**
-sobriété > **a starkness**
-décompte des bulletins de vote > **a counting**
-analyse d'un texte > **an analysis**
-ouverture du courrier > **an opening of the mail**

UNE DÉPRESSION
-creux sur une surface > **a depression**
-phénomène météorologique > **a low (pressure)**
-état de tristesse pathologique > **a breakdown**
-crise économique > **a depression**

DÉRAILLER
-sortir des rails > **to derail**
-mal fonctionner > **to derail**
-déraisonner > **to talk non sense**

DÉRANGÉ
-ennuyé > **disturbed**
-fou > **mad**
-qui éprouve des troubles intestinaux > **upset**

DÉROUILLER
-dégourdir > **to stretch**
-(*fam*) recevoir des coups > **to get it**
-(*fam*) rouer qqun de coups > **to give it to sb**

-(*fam*) souffrir vivement > **to suffer**
-enlever la rouille d'un objet > **to clean the rust**

DÉROUTER
-modifier l'itinéraire > **to divert**
-déconcerter > **to confuse**
-mettre sur une mauvaise piste > **to throw off the track**

(UN) DERRIÈRE
-contraire de devant > **behind**
-après > **after**
--fesses > **a bottom**

DÉSARÇONNER
-faire tomber de cheval > **to unhorse**
-déconcerter > **to bewilder**

DÉSAXÉ
-décalé > **offset**
-fou > **mad**

DESCENDRE
-aller de haut en bas > **to go down**
-diminuer > **to lower**
-dévaler > **to descend**
-tirer son origine de > **to descend from**
-tuer avec une arme à feu > **to gun down**
-sortir d'un véhicule > **to get off**
-(*fam*) absorber goulûment > **to knock back**
-séjourner dans (*hôtel…*) > **to stay at**

DÉSHÉRITÉ
-privé de son héritage > **disinherited**
-pauvre > **deprived**

UNE DÉSOLATION
-désespoir > **a despair**
-lieu ravagé et désert > **a desolation**

DÉSOLÉ
-attristé > **dejected**
-désert, inhabité > **desolate**
-qui exprime des regrets > **sorry**

DÉSOSSER
-enlever les os d'une viande > **to remove bones**
-démonter une voiture > **to take to pieces**

DESSERVIR
-assurer l'accès à un lieu > **to serve**
-retirer de la table > **to clear (the table)**
-nuire à qqun > **to harm sb**

DÉTACHÉ
-qui n'est plus attaché > **untied**
-indifférent > **indifferent**
-nettoyé > **cleaned**
-en mission dans un autre service > **seconded**

UNE DÉTENTION
-possession > **a possession**
-captivité > **a detention**

(UN) DÉTERMINANT
-décisif > **determining**
--catégorie grammaticale > **a determiner**

DÉTERMINÉ
-résolu, décidé > **determined**
-précis > **specific**

UN DEUX-PIÈCES
-maillot de bain > **a bikini**
-appartement > **a two-room apartment**
-tailleur féminin > **a two-piece (outfit)**

UN DÉVELOPPEMENT
-distance que parcourt une bicyclette en un tour complet > **a gear**
-révélation d'une image photographique > **a development**
-ensemble des différents stades par lesquels passe un organisme > **a development**
-mise au point d'un produit en vue de sa commercialisation > **a development**
-exposé détaillé d'un sujet > **a development**
-croissance économique > **a development**

UNE DEVISE
-maxime > **a motto**
-monnaie > **a currency**

DÉVISSER
-tourner à l'inverse du sens horaire > **to unscrew**
-en alpinisme, lâcher prise et tomber > **to fall**

(UN) DIABLE
-interjection > **what the devil!**
--démon > **a devil**
--enfant turbulent et espiègle > **a devil**
--individu > **a fellow**
--petit chariot > **a trolley**
--double casserole en terre servant à la cuisson d'aliments à sec > **an earthenware steamer**
--filet de pêche > **a herring net**

UN DIABOLO
-jouet > **a diabolo**
-drain d'oreille > **a grommet**
-boisson > **a lemonade and fruit cordial**

UN DIAPHRAGME
-muscle > **a diaphragm**
-contraceptif > **a diaphragm**
-partie d'appareil photo > **a diaphragm**

DICTER
-lire un texte à haute voix pendant que qqun l'écrit > **to dictate**
-imposer sa volonté > **to dictate**

UNE DIÈTE
-assemblée politique > **a diet**
-jeûne > **a diet**

UNE DIFFUSION
-mouvement de particules dans un milieu (*chaleur, lumière…*) > **a diffusion**
-propagation d'une information > **a spreading**
-transmission télévisuelle ou radiophonique > **a broadcasting**
-distribution (*d'un livre, d'un journal, d'un produit…*) > **a distribution**
-nombre d'exemplaires vendus d'un journal au numéro > **a circulation**
-propagation d'une maladie > **a spreading**

DIGNE
-méritant > **worthy of**
-qui manifeste de la retenue > **dignified**

UNE DILIGENCE
-véhicule du far ouest > **a stagecoach**
-empressement, zèle > **a diligence**

UNE DIMINUTION
-réduction > **a reduction**
-point en tricot > **a decrease**

UN DINDON
-animal > **a turkey**
-(*fam*) victime d'une duperie > **a fall guy**

UN DIPLOMATE
-représentant d'un pays auprès d'une nation étrangère > **a diplomat**
-pudding > **a diplomat pudding**

(UN) DIRECT
-sans détour > **direct**
-le plus proche > **immediate**
--coup en boxe > **a straight punch**
--train sans arrêt > **a non stop (train)**
--émission non différée > **a live**

UNE DIRECTION
-orientation vers un point donné > **a direction**

-organe de décision d'une entreprise > **a management**
-mécanisme de guidage d'un véhicule > **a steering**

DISPARAÎTRE
-cesser d'être visible > **to disappear**
-être volé > **to be hidden**
-mourir > **to die**

DISPONIBLE
-dont on peut disposer > **available**
-qui a du temps pour soi > **free**
-se dit d'un militaire ou d'un fonctionnaire qui est en disponibilité > **on leave**

UNE / Ă LA DISPOSITION
-agencement > **a layout**
-état d'esprit > **a mood**
-aptitude particulière > **a disposition**
-mesure, décision > **a provision**
--au service de > **at the disposal of**

DISPUTER
-réprimander > **to tell off**
-participer à une compétition > **to play**
-être en concurrence > **to fight with sb for sth**

UN DISQUE
-support informatique de stockage > **a disc**
-forme géométrique > **a disc**
-organe intervertébral > **a disc**
-engin plat et circulaire lancé par les athlètes > **a discus**
-tout objet plat et circulaire > **a disc**

DISSIPER
-faire disparaître > **to dispel**
-distraire qqun > **to distract sb**
-dilapider > **to squander**

DISSOUDRE
-diluer > **to dissolve**
-mettre fin légalement à une organisation > **to dissolve**

UNE DISTINCTION
-différence > **a distinction**
-élégance dans les manières > **a distinction**
-récompense honorifique > **an award**

UNE DISTRACTION
-manque d'attention > **a distraction**
-activité qui détend > **an entertainement**

DISTRIBUER
-dispatcher, partager > **to distribute**
-donner des cartes > **to deal**
-donner le courrier > **to deliver**
-répartir les rôles dans un spectacle > **to cast**
-répartir des tâches, des responsabilités > **to allocate**
-commercialiser dans des points de vente > **to distribute**
-approvisionner en énergie > **to supply**

DIVISER
-séparer en plusieurs parties > **to split**
-opposer > **to divide**

UN DODO
-sommeil dans le langage enfantin > **a nap**
-lit dans le langage enfantin > **a bed**
-oiseau > **a dodo**

UN DOMAINE
-propriété foncière > **an estate**
-sphère de compétences > **a field**

(UN / UNE) DOMESTIQUE
-qui concerne la maison > **domestic**
-qui concerne la famile > **family** ≈
-contraire de sauvage pour un animal > **domesticated**
--employé de maison > **a servant**
---employée de maison > **a servant**

UN DOMINO
-pièce de jeu de société > **a domino**

-raccord électrique > **a connecting block**
-vêtement ample à capuchon > **a domino**

UN DON
-aptitude innée > **a gift**
-donation > **a donation**
-cadeau > **a gift**

UN DOSSIER
-dos d'un siège > **a back**
-ensemble de documents > **a file**

(UN) DOUBLE
-multiplié par deux > **twice**
-qui comporte deux éléments > **double**
-de dit d'une boisson dont la dose d'alcool est multipliée par deux > **double** ≈
--deuxième exemplaire > **a duplicate**
--sosie > **a double**
--partie de sport disputée en couple > **(pl) doubles**

DOUBLER
-multiplier par deux > **to double**
-dépasser > **to pass sb / sth**
-effectuer le doublage d'un film > **to dub**
-garnir un tissu > **to line**
-trahir > **to betray**

UNE DOUBLURE
-garniture d'un vêtement > **a lining**
-remplaçant d'un acteur > **an understudy**

UNE DOUILLE
-pièce dans laquelle se fixe le culot d'une ampoule > **a socket**
-enveloppe contenant la cartouche d'une arme à feu > **a (cartridge) case**

DOUTEUX
-incertain > **doubtfull**
-de valeur contestable > **dubious**
-qui manque de propreté > **dirty**

-suspect **> suspicious**

DRAGUER
-racler le fond d'un fleuve **> to dredge**
-tenter de séduire **> to flirt with**

UN DRAME
-catastrophe **> a tragedy**
-pièce de théatre **> a drama**

DRESSER
-dompter **> to train**
-ériger **> to erect**
-lever une partie du corps **> to raise**
-installer **> to set up**
-établir **> to draw up**
-monter qqun contre qqun **> to set sb against sb**

(UN / LE) DROIT
-contraire de gauche **> right**
-rectiligne **> straight**

-honnête **> good**
--autorisation **> a right**
---légalité, loi **> the law**

DRÔLE
-comique **> funny**
-bizarre **> strange**

(UN) DUR
-contraire de mou **> hard**
-difficile **> hard**
-sévère **> harsh**
--(*fam*) personne qui n'a peur de rien **> a tough guy**

UN DUVET
-petits poils doux sur le corps **> a down**
-plumage des jeunes oiseaux **> a down**
-sac de couchage **> a sleeping bag**

E e E e E e

oooooooooooooooooooooooooooooooooooooooooooooooooooooooooooo

ÉBLOUIR
-aveugler > **to dazzle**
-impresionner > **to dazzle**

ÉCAILLER
-gratter les écailles d'un poisson > **to scale**
-ouvrir un mollusque bi-valves > **to open**

UN ÉCART
-intervalle > **a gap**
-différence > **a difference**
-déviation > **a deviation**
-embardée > **a swerve**
-exception à une ligne de conduite > **a misbehaviour**

UN ÉCHANGE
-troc > **a swap**
-relation commerciale > **trade**
-dialogue > **an exchange**
-en sport, aller et retour d'une balle > **a rally**

UNE ÉCHELLE
-outil pour monter > **a ladder**
-graduation > **a scale**
-proportion d'une carte > **a scale**

ÉCHOUER
-rater > **to fail**
-toucher accidentellement le fond de l'eau pour un bateau > **to run aground**
-arriver sur le rivage par accident > **to beach**
-se retrouver par hasard dans un lieu que l'on n'a pas choisi > **to end up**

UN ÉCLAIR
-phénomène météorologique > **lightning**
-gâteau > **an eclair**
-éclat de vivacité > **a flash**

ÉCLAIRCIR
-rendre moins sombre > **to lighten**
-rendre une sauce moins dense > **to thin**
-élucider > **to clear up**

ÉCLAIRÉ
-allumé > **lit**
-qui manifeste du discernement > **informed**

ÉCLAT
-fragment d'un objet brisé > **a fragment**
-lueur vive, luminosité > **a shine**
-spendeur > **a splendour** (*UK*) / **a splendor** (*USA*)
-bruit soudain et violent > **a burst**
-scandale > **a fuss**

(UN) ÉCONOME
-qui limite ses dépenses > **thrifty**
--directeur d'un économat > **a bursar**
--couteau pour éplucher > **a peeling knife**

ÉCONOMIQUE
-relatif à l'économie > **economic**
-bon marché > **economical**

(UN) ÉCOSSAIS
-motif de tissu > **tartan**
-de l'Écosse > **Scottish**
--habitant de l'Écosse > **a Scot**

ÉCOUTER
-entendre > **to listen to**
-suivre un avis, obéir > **to listen to**

ÉCRASER
-applatir > **to press**
-comprimer > **to crush**
-broyer > **to mash**
-accabler > **to crush**
-vaincre complètement > **to crush**
-tuer par applatissement
(*moustique…*) > **to swat**
-faire disparaitre des données
informatiques > **to overwrite**
-passer sur qqun en voiture > **to run over sb**
-éteindre une cigarette > **to stub out**
-(*fam*) dormir profondément > **to sleep like a log**
-(*fam*) se taire > **to shut up**

UN ÉCROU
-pièce métallique percée d'un trou > **a nut**
-acte enregistrant l'arrivée d'un prisonnier à la prison > **a committal**

UN ÉCUEIL
-rocher à fleur d'eau > **a reef**
-obstacle, difficulté > **a pitfall**

UNE ÉCURIE
-étable > **a stable**
-ensemble des chevaux de course d'un même propriétaire > **a horse stable**
-équipe sportive > **a team**

UNE ÉDUCATION
-action de former, d'instruire > **an education**
-savoir-vivre > **manners**

(UN) EFFECTIF
-qui existe réellement > **real**
-qui entre en vigueur > **effective**
--nombre d'individus formant un groupe > **a staff**

UNE EFFERVESCENCE
-dégagement de bulles dans un liquide > **an effervescence**
-grande agitation > **an excitement**

ÉGARER
-perdre, ne plus retrouver > **to lose**
-induire en erreur, fourvoyer > **to mislead**

UN ÉGOUTTOIR
-ustensile pour faire sécher la vaisselle > **a draining rack**
-passoire hémisphérique pour égoutter les aliments > **a colander**

UN ÉLAN
-prise de vitesse > **a run-up**
-impulsion > **an impetus**
-animal > **an elk** (*UK*) / **a moose** (*USA*)

UN ÉLÉMENT
-milieu familier > **an environment**
-composant chimique > **an element**
-chaque composant d'un tout > **a component**

ÉLEVER
-ériger > **to raise**
-éduquer > **to bring up**
-s'occuper d'animaux > **to breed**

UNE ELLIPSE
-forme géométrique > **an ellipse**
-sous-entendu > **an ellipsis**

ÉLOQUENT
-expressif > **articulate**
-significatif > **eloquent**

DE L'ÉMAIL
-matière recouvrant les dents > **enamel**
-substance utilisée en poterie > **enamel**

UN EMBALLEMENT
-emportement, énervement > **an excitement**
-situation incontrôlée (*ex : emballement médiatique*) > **an uproar** (*ex : a media uproar*)
-disfonctionnement d'un moteur > **an overspeeding**
-accélération incontrôlée d'un cheval > **a bolting**

EMBALLER
-empaqueter > **to pack**
-(*fam*) enthousiasmer, plaire > **to thrill**
-(*argot*) séduire > **to pull sb**

EMBARRASSER
-encombrer > **to clutter**
-déranger, importuner > **to disturb**
-rendre confus, gêner > **to embarrass**

EMBAUMER
-exhaler un parfum > **to perfume**
-s'occuper d'un cadavre > **to embalm**

UNE EMBOUCHURE
-partie terminale d'un fleuve > **a mouth**
-entrée d'un tuyau > **an opening**
-partie du mors situé dans la bouche du cheval > **a mouthpiece**
-partie d'un instrument de musique à vent où l'on porte la bouche > **a mouthpiece**

UN EMBOUTEILLAGE
-mise en bouteille > **a bottling**
-bouchon routier > **a traffic jam**

EMBRASSER
-donner un baiser > **to kiss**
-s'engager dans une carrière > **to embrace**

ÉMERGER
-apparaitre à la surface > **to surface**
-commencer à apparaitre > **to emerge**
-(*fam*) sortir du sommeil > **to surface**

(UNE) ÉMINENCE
-titre pour un cardinal > **Eminence**
--élévation de terrain > **a knoll**
--conseiller qui agit dans l'ombre > **an eminence**
--personne très respectée dans son domaine > **an eminence**

UNE ÉMISSION
-production de radiations > **an emission**
-rejet de gaz, de vapeur > **an emission**
-programme audiovisuel > **a show**
-mise en circulation (*monnaie, timbres…*) > **an issue**

ÉMONDER
-couper les branches inutiles d'un arbre > **to prune**
-débarrasser certaines graines de leurs téguments > **to shell**

UN EMPIRE
-régime dans lequel l'autorité est exercée par un empereur > **an empire**
-ascendant moral d'une personne > **an influence**

EMPOISONNER
-intoxiquer avec du poison > **to poison**
-polluer > **to pollute**
-importuner > **to bother**

EMPRUNTER
-souscrire un prêt > **to borrow**
-suivre une route > **to take (a road)**

ENCAISSER
-toucher de l'argent > **to collect**
-convertir un chèque > **to cash**
-supporter > **to bear**
-(*fam*) tolérer qqun > **to stand sb**

(UNE) ENCEINTE
-gravide > **pregnant**
--mur de fortification > **an enclosure**
--haut-parleur > **a speaker**

ENCHAÎNER
-priver de liberté > **to chain**
-faire suivre rapidement > **to do sth one after an other**

UNE / L' ENCLUME
-masse métallique > **an anvil**
--os de l'oreille > **the incus = the anvil**

UNE ENCOIGNURE
-rencontre de deux angles de mur > **a corner**
-meuble d'angle > **a corner cupboard**

UNE ENCOLURE
-cou de certains animaux comme le cheval > **a neck**
-partie des vêtements correspondant au col > **a neck**
-taille du tour de cou chez l'homme > **a collar size**

UN ENCOMBREMENT
-embouteillage > **a traffic jam**
-accumulation, engorgement > **a clutter**
-dimensions extérieurs d'un objet > **a footprint**

UNE ENCRE
-teinture pour écrire > **an ink**
-sécrétion de certains animaux comme la seiche > **an ink**

ENDORMIR
-provoquer le sommeil > **to fall sleep**
-anesthésier > **to put to sleep**
-ennuyer profondément > **to send to sleep**
-diminuer l'attention de qqun pour abuser de lui > **to ease**

ENDOSSER
-mettre un vêtement sur son dos > **to put on**
-assumer une responsabilité > **to shoulder**
-signer le dos d'un chèque > **to endorse**

-donner une forme arrondie au dos d'un livre > **to back**

UN / L'ENDROIT
-lieu > **a place**
--recto > **the right side**

ENFILER
-passer qqch dans autre chose > **to thread sth through sth**
-passer rapidement un vêtement > **to put on**

ENFLAMMER
-mettre le feu > **to ignite**
-provoquer une inflammation, irriter > **to inflame**
-aggraver, envenimer > **to inflame**
-exalter > **to fire**

ENFOURNER
-mettre au four > **to put into an owen**
-(*fam*) mettre dans sa bouche en grande quantité > **to stuff down**

ENGAGER
-embaucher > **to take on**
-lier par une promesse > **to commit**
-introduire, faire pénétrer > **to insert into**
-commencer une action > **to start**
-exhorter qqun à faire qqch > **to urge sb to do sth**
-investir > **to invest**
-impliquer > **to involve**
-faire intervenir (*troupes…*) > **to engage**

ENGENDRER
-procréer > **to conceive**
-provoquer > **to lead to**

ENLEVER
-retirer, supprimer > **to remove**
-retirer un vêtement > **to take off**
-ramasser (*les ordures…*) > **to collect**
-soustraire > **to subtract**
-kidnapper > **to abduct**

UN ENNUI
-désagrément, souci > **a trouble**
-désœuvrement > **a boredom**

ÉNORME
-gigantesque > **enormous**
-très important > **huge**
-invraissemblable > **incredible**

UNE ÉNORMITÉ
-extrème grandeur, grosseur > **an enormity**
-propos invraisemblable > **an outrageous remark**
-grossière erreur > **a mistake**

UN ENREGISTREMENT
-stockage sur un support audio ou vidéo > **a recording**
-consignation écrite > **a record**
-action de consigner les bagages à l'aéroport > **a check-in**

(DE L') ENROBÉ
-grassouillet > **plump**
-enveloppé par une substance > **coated**
--substance recouvrant les routes > **asphalt concrete**

UNE ENSEIGNE
-panneau de devanture d'un commerce > **a sign**
-logo > **a logo**
-chaine de magasins > **a brand**
-drapeau > **an ensign**
-officier > **a lieutenant**

(L' / UN) ENSEMBLE
-l'un avec l'autre > **together**
--globalité > **the whole**
---réunion de personnes > **a group**
---collection d'objets > **a collection**
---groupe musical > **an ensemble**
---costume féminin > **an outfit**
---installation industrielle > **a factory complex**

ENSEVELIR
-enfouir > **to bury**
-enterrer un cadavre > **to bury**
-garder secret > **to smother**

UNE ENTAME
-premier morceau d'un pain ou d'une viande > **a first slice**
-première carte que l'on joue dans une partie > **an opening card**

ENTAMER
-commencer > **to begin**
-couper un premier morceau de qqch > **to start sth**
-couper, inciser > **to cut into**
-ébranler (*les convictions, la confiance…*) > **to damage**
-diminuer, réduire (*économies…*) > **to make a dent in**

ENTENDRE
-percevoir par l'ouie > **to hear**
-écouter > **to listen to**
-suivre un conseil > **to agree**
-comprendre > **to understand**
-vouloir dire > **to mean**
-avoir la volonté de > **to intend**
-recueillir un témoignage > **to interview**

UN ENTERREMENT
-inhumation > **a burial**
-cérémonie qui accompagne l'inhumation > **a funeral**
-abandon définitif d'un projet > **an abandonment**

(UN) ENTIER
-complet > **whole**
-intransigeant > **uncompromising**
-intact > **intact**
-se dit d'un aliment non dégraissé (*lait..*) > **full-fat**
-se dit d'un animal non castré > **entire**
--nombre sans décimale > **an integer**

ENTRAÎNER
-traîner avec soi > **to carry away**
-communiquer un mouvement > **to drag**
-provoquer > **to cause**
-exercer qqun > **to train sb**
-influencer, pousser à > **to lead to**

ENTRAVER
-enchaîner une personne ou un animal > **to fetter**
-gêner > **to hinder**
-(*argot*) comprendre > **to get**

ENTRETENIR
-tenir en bon état > **to maintain**
-pourvoir à la subsistance de > **to support**
-maintenir > **to keep**
-discuter de qqch avec qqun > **to speak to sb about sth**

UNE ENVELOPPE
-pochette pour le courrier > **an envelope**
-emballage > **a cover**
-gaine en botanique, zoologie ou anatomie > **a sheath**
-somme d'argent en liquide > **a tip**
-crédit alloués dans un budget > **a budget**

ENVENIMER
-provoquer l'infection d'une plaie > **to infect**
-aggraver une situation > **to inflame**

UNE ENVIE
-convoitise > **an envy**
-désir soudain > **a desire**
-petite peau autour d'un ongle > **a hangnail**
-tache rouge sur la peau > **a birthmark**

ÉPARGNER
-économiser > **to save money**
-laisser la vie sauve > **to spare**
-éviter > **to spare**

ÉPAULER
-aider, soutenir > **to support**
-mettre en joue > **to take aim at sb**
-construire un renforcement > **to prop up**

(UN) ÉPHÉMÈRE
-furtif > **short-lived**
--insecte > **a mayfly**

UN ÉPI
-grappe de grains > **an ear**
-mèche de cheveu rebelle > **a cowlick**

ÉPINEUX
-couvert d'épines > **thorny**
-compliqué et délicat > **thorny**

ÉPINGLER
-fixer avec une épingle > **to pin (up)**
-(*fam*) prendre sur le fait > **to catch**
-(*fam*) dénoncer > **to denounce**

ÉPLUCHER
-enlever la peau > **to peel**
-examiner attentivement > **to dissect**

ÉPOUSER
-se marier > **to marry**
-s'adapter exactement à la forme de > **to fit**
-rallier une cause > **to embrace**

UNE ÉPREUVE
-difficulté > **an ordeal**
-compétition sportive > **a trial**
-partie d'un examen ou d'un concours > **a test**
-texte pour correction avant tirage > **a proof**
-tirage photographique > **a print**

ÉPROUVER
-avoir une sensation > **to feel**
-tester > **to test**
-faire souffrir > **to afflict**

ÉPUISÉ
-très fatigué > **exhausted**
-entièrement vendu > **out of stock**
-non réédité (*livre…*) > **out of print**

UN ÉQUILIBRE
-position stable > **a balance**
-répartition harmonieuse > **a balance**
-figure acrobatique aussi appelée
poirier > **a headstand**
-stabilité mentale > **a (mental)
equilibrium**

ÉREINTER
-épuiser > **to exhaust**
-(*fam*) critiquer avec violence > **to pan**

UNE ÉRUPTION
-rash cutané > **a rash**
-projection volcanique > **an eruption**

UNE ESCALADE
-action de grimper > **a climbing**
-aggravation d'un conflit > **an
escalation**

UN ESPALIER
-rangée d'arbre généralement fruitiers,
palissés contre un mur > **espalier
trees**
-agrès de gymnastique > **wall bars**

UN / DE L' ESPRIT
-âme > **a mind**
-fantôme > **a spirit**
-intelligence > **a wit**
--humour > **wit**

UN ESQUIMAU
-inuite > **an eskimo**
-glace sur un bâtonnet > **an eskimo
pie**

UN ESSAI
-tentative > **an attempt**
-manœuvre au rugby > **a try**
-ouvrage littéraire > **an essay**

ESSAYER
-tenter > **to try**
-vérifier l'efficacité > **to test**
-passer un vêtement sur soi pour voir
s'il va bien > **to try on**

UNE / DE L'ESSENCE
-concentré de substance aromatique >
an essence
-espèce d'arbre > **a variety**
-nature intime > **an essence**
--carburant > **petrol (*UK*) / gas (*USA*)**

ESSENTIEL
-indispensable > **essential**
-principal > **main**
-idiopathique > **idiopathic**

ESTIMER
-calculer approximativement > **to
estimate**
-expertiser, évaluer > **to value**
-avoir une bonne opinion de qqun > **to
esteem sb**
-considérer que > **to reckon that**

UN ÉTABLISSEMENT
-école > **a school**
-maison de commerce > **an
establishment**
-installation > **a settlement**
-action de préparer (*liste, devis…*) > **a
drawing up**

ÉTALER
-exposer > **to display**
-répandre à plat > **to spread**
-échelonner > **to stagger**
-exhiber > **to flaunt**

UN ÉTALON
-cheval destiné à la reproduction > **a
stallion**
-unité de mesure de référence > **a
standard**

UNE ÉTAMINE
-organe mâle des végétaux > **a stamen**
-étoffe très légère > **a muslin**
-carré de toile servant à filtrer une préparation culinaire > **a muslin**

UN ÉTAT
-manière d'être > **a status**
-entité politique > **a state**

ÉTENDRE
-étaler > **to spread**
-attacher pour faire sécher > **to hang**
-allonger > **to stretch**
-diluer > **to water down**
-accroître > **to extend**

UNE ÉTIQUETTE
-petit papier > **a label**
-appartenance politique > **a label**
-cérémonial officiel > **an etiquette**

ÉTOUFFER
-suffoquer > **to suffocate**
-asphyxier intentionnellement > **to smother**
-avoir très chaud > **to suffocate**
-empêcher qqun de s'épanouir > **to smother sb**
-rendre un son moins bruyant > **to stifle**
-empêcher la propagation > **to hush up**

UN / L' ÉTRIER
-repose pied pour cavalier > **a stirrup**
--osselet de l'oreille > **the stapes = the stirrup**

UNE ÉTRILLE
-brosse pour chevaux > **a curry comb**
-crabe > **a velvet crab**

ÉTRILLER
-frotter avec une brosse dure > **to curry**
-critiquer vivement > **to pan**
-(*fam*) escroquer > **to con**

S'ÉVANOUIR
-perdre connaissance > **to faint**
-disparaitre > **to vanish**

S'ÉVAPORER
-se transformer en vapeur > **to evaporate**
-disparaitre > **to vanish**

UN EXAMEN
-observation attentive > **an examination**
-consultation médicale > **an examination**
-épreuve que passe un candidat > **an exam**

EXCÉDER
-dépasser > **to exceed**
-agacer > **to annoy**

UNE EXCISION
-ablation de tissu malade > **an excision**
-mutilation > **a female circumcision**

UNE EXÉCUTION
-réalisation > **an execution**
-mise à mort d'un condamné > **an execution**

(UN) EXEMPLAIRE
-qui sert d'exemple > **exemplary**
--copie > **a copy**

EXERCER
-entraîner > **to train**
-pratiquer (*un métier, un art…*) > **to practise (GB) / to practice (USA)**
-faire usage de (*droit, autorité…*) > **to exercise**
-tester > **to try**

UN EXERCICE
-devoir scolaire > **an exercise**
-entraînement physique > **an exercise**
-pratique d'un métier > **a practice**
-période entre deux inventaires comptables > **a (fiscal) year**

-entraînement militaire > **a war exercise**

EXPANSIF
-exubérant > **expansive**
-qui se dilate > **expansive**

EXPÉDIER
-envoyer > **to send**
-finir au plus vite > **to hurry through**

UNE EXPÉDITION
-envoi > **a dispatch**
-voyage > **an expedition**
-opération militaire > **an expedition**

UNE EXPÉRIENCE
-connaissance acquise par la pratique > **an experience**
-expérimentation > **an experiment**

UNE EXPIRATION
-un des deux temps de la respiration > **an exhalation**
-fin de validité > **an expiry**

EXPIRER
-souffler l'air > **to exhale**
-mourir > **to die**
-se terminer > **to expire**

UNE EXPLICATION
-clarification > **an explanation**
-querelle > **an argument**

EXPLOSER
-éclater > **to explode**
-s'emporter > **to lose one's temper**
-augmenter fortement et brutalement > **to soar**
-(*fam*) accidenter, détruire > **to explode**
-(*fam*) surpasser de loin > **to rocket**

UN EXPOSANT
-puissance mathématique > **an exponent**
-participant à un salon > **an exhibitor**

(UN) EXPOSÉ
-susceptible de courir un danger > **exposed**
-exhibé > **exhibited**
-orienté par rapport au soleil > **facing**
--présentation écrite > **a report**
--présentation orale > **a talk**

UNE EXPOSITION
-présentation au public > **an exhibition**
-soumission à un risque > **an exposure**
-orientation par rapport au soleil > **an exposure**

EXANGUE
-qui a perdu beaucoup de sang > **bloodless**
-très pâle > **pale**
-dépourvu de force, de vigueur > **exhausted**

UNE EXTENSION
-agrandissement, expansion > **an extension**
-allongement > **an extension**
-action musculaire > **a stretching**
-rajout de cheveux > **a hair extension**
-analogie (*par extension*) > **an extension (*by extension*)**
-complément de logiciel informatique > **an add-on**

(UN) EXTERNE
-qui vient du dehors > **outer**
--élève qui ne mange pas à la cantine > **a day pupil**

UNE EXTRACTION
-retrait > **an extraction**
-en mathématique, faire la racine d'un nombre > **an extraction**
-origine > **an origin**

UNE EXUBÉRANCE
-expansivité > **an exuberance**
-surabondance > **an abundance**

Ff Ff Ff

ooooooooooooooooooooooooooooooooooooooooooooooooooooooooooo

UNE FACE
-visage > **a face**
-chacun des côtés de qqch > **a side**
-aspect sous lequel se présente qqch
> **a face**
-côté d'une monnaie avec effigie (*pile ou face*) > **heads** (*heads or tails*)

FACILE
-simple > **easy**
-accommodant > **easy-going**
-(*péj*) dont on obtient sans mal les faveurs > **loose**

UN FACTEUR
-personne qui distribue le courrier > **a postman** (*UK*) / **a mail man** (*USA*)
-élément qui concourt à un résultat > **a factor**
-élément en mathématiques > **a factor**
-fabriquant de piano > **a piano maker**

UNE FACTURE
-pièce comptable > **an invoice**
-manière dont une chose est exécutée > **a workmanship**
-fabrication des pianos > **a (piano) making**

UNE FACULTÉ
-capacité > **a faculty**
-établissement d'enseignement supérieur > **a university**

(UN) FAIBLE
-qui manque de puissance, d'énergie > **weak**
-bas > **low**
-qui change d'avis facilement > **easy-going**
--attirance, penchant > **a weakness**

UNE FAILLE
-faiblesse > **a flaw**
-vide juridique > **a loophole**
-fracture géologique > **a fault**

FAMEUX
-célèbre > **famous**
-délicieux > **excellent**
-dont on a beaucoup parlé > **well-known**

(UN) FAMILIER
-contraire de soutenu dans le registre linguistique > **colloquial**
-impoli, cavalier > **informal**
-que l'on connait bien > **familiar**
-habituel > **regular**
-se dit d'un animal domestique > **domestic**
--personne de l'entourage > **a friend**

UNE FARCE
-hachis pour fourrer une viande ou des légumes > **a stuffing**
-blague > **a joke**
-pièce de théâtre comique > **a farce**

(UN) FASTE
-favorable, prospère > **prosperous**
--déploiement de luxe > **a splendour** (*UK*), **a splendor** (*USA*)

LA FAUCHE
-fauchage > **the mowing**
-(*fam*) vol > **the theft**

FAUCHER
-couper avec une faucille > **to mow**
-renverser violemment (*avec un véhicule, un tir...*) > **to run down**
-(*fam*) voler > **to pinc**

UNE FAUSSETÉ
-inexactitude > **a falseness**
-duplicité > **a duplicity**

(UN) FAUVE
-couleur > **fawn**
--animal > **a big cat**
--peintre appartenant au fauvisme > **a Fauve**

FÉBRILE
-qui a de la fièvre > **feverish**
-qui manifeste une grande excitation > **feverish**

FÉCOND
-fertile > **fertile**
-productif > **fertile**

FELÉ
-qui a une fêlure > **cracked**
-(*fam*) fou > **cracked**

UNE FEMME
-être humain de sexe féminin > **a woman**
-épouse > **a wife**

(UNE) FERME
-contraire de mou > **solid**
-sévère > **assertive**
-résolu, inébranlable > **firm**
-sans sursis pour une peine de prison > **in prison**
--domaine agricole > **a farm**

FERMÉ
-clos > **closed**
-étroit d'esprit > **narrow minded**

UNE FERMETÉ
-solidité > **a firmness**
-autorité > **a firmness**

DE LA FERRAILLE
-débris de fer > **scrap**
-(*fam*) petite monnaie > **small change**

FERTILE
-fécond > **fertile**
-productif > **fertile**

(UN / LE) FEU
-décédé > **late**
-tirez! > **fire!**
--ensemble de flammes > **a fire**
--signalisation routière > **a light**
--lumière sur une voiture > **a light**
--sensation de chaleur > **a burn**
--foyer de cuisson > **a ring**
--(*fam*) briquet > **a light**
--(*fam*) pistolet > **a gun**
---combat avec des tirs > **the fire**
---ardeur > **the heat**

UNE FEUILLE
-verdure des arbres > **a leaf**
-élément de papier > **a sheet**
-fine plaque > **a leaf**

FEUILLETER
-tourner les pages > **to leaf through**
-préparer une pâte selon la technique du feuilletage > **to work a dough into puff pastry**

UN / DU FEUTRE
-crayon > **a felt-tip pen**
-chapeau > **a felt hat**
--tissu > **felt**

FEUTRÉ
-usé par les lavages > **felted**
-où les bruits sont étouffés > **muted**

UNE FÈVE
-graine > **a bean**
-figurine que l'on met dans la galette des rois > **a porcelain bean**

UNE FICELLE
-cordelette > **a string**
-subtilité > **(*pl*) tricks**
-pain mince et allongé > **a stick of french bread**

FICHER
-inscrire dans un fichier > **to file**
-planter, introduire > **to stick in**
-(*fam*) faire > **to do**

(UN) FICHU
-raté > **dead**
-désagréable > **damn**
-intensif avant un nom > **wretched**
-capable > **quite capable of**
--petit triangle de tissu pour se couvrir
la tête > **a kerchief**

(UN) FIDÈLE
-loyal > **faithful**
-exact > **faithful**
-habituel (*client…*) > **regular**
-membre (*d'une religion, d'une
congrégation…*) > **a believer**
--adepte, croyant > **a follower**

UNE FIÈVRE
-augmentation de la température > **a
fever**
-état d'agitation > **an excitement**

UNE FIGURE
-visage > **a face**
-personnalité marquante > **a figure**
-dessin en géométrie > **a figure**
-carte à jouer avec un personnage > **a
picture card**
-enchaînement de pas (*danse,
sport…*) > **a figure**
-illustration > **a figure**

FILER
-transformer des fibres textiles en fil >
to spin
-suivre qqun discrètement pour le
surveiller > **to tail sb**
-trouer un collant > **to ladder**
-prolonger une idée > **to carry further**
-aller vite > **to speed**
-quitter rapidement un lieu > **to flee**
-en marine, dérouler un câble de façon
continue en le laissant glisser > **to pay
out**
-(*fam*) donner > **to give**

UN FILET
-écoulement fin d'un liquide > **a trickle**
-réseau de mailles entrecroisées > **a
net**
-séparation de terrain dans certains
sports de balle > **a net**
-morceau de viande ou de poisson > **a
fillet**
-pas de vis > **a thread**

UN FILON
-gisement > **a seam**
-(*fam*) situation lucrative et peu
fatigante > **a (lucrative) line**

(UNE) FIN
-mince > **thin**
-d'une grande délicatesse > **fine**
-subtile > **subtile**
-habile, astucieux > **astute**
-précis, aiguisé (*odorat, ouïe…*) >
sharp
-enfin > **quite**
--achèvement > **an end**
--mort > **an end**
--but > **an aim**

(UN) FINANCIER
-en rapport avec la finance > **financial**
--spécialiste de la finance > **a
financial ≈**
--gâteau > **a financier**

UN FLAGEOLET
-haricot > **a flageolet bean**
-flûte > **a flageolet**

UNE FLAMBÉE
-feu > **a blaze**
-montée d'un sentiment > **an outburst**
-brusque augmentation > **an outbreak**

FLAMBER
-brûler > **to blaze**
-augmenter brutalement (*prix…*) > **to
rocket**
-jouer gros au jeu > **to gamble big
stakes**
-(*fam*) crâner > **to show off**

-arroser un met d'alcool que l'on fait brûler > **to flambé**

UNE FLAMME
-feu > **a flame**
-amour > **a love**
-enthousiasme > **an enthusiasm**
-banderole à deux pointes > **a pennon**
-marque postale > **a postmark**

(UNE) FLASQUE
-sans fermeté > **flabby**
--flacon plat > **a flask**

FLATTER
-complimenter > **to flatter**
-caresser un animal du plat de la main > **to stroke**
-embellir > **to be flattering**

UN FLÉAU
-outil pour battre les céréales > **a flail**
-tige horizontale d'une balance > **a beam**
-calamité publique > **a plague**

FLÉCHIR
-ployer > **to bend**
-plier une articulation > **to flex**
-subir une baisse > **to fall**
-faire céder > **to weaken**

(UN) FLEXIBLE
-qui plie aisément > **flexible**
-qui s'adapte facilement aux circonstances > **flexible**
--tuyau > **a hose**

UNE / DE LA FLOTTE
-ensemble de navires > **a fleet**
-ensemble des appareils d'une compagnie aérienne > **a fleet**
--de l'eau > **water**
--de la pluie > **rain**

(UN) FLUIDE
-qui coule facilement > **fluid**
-flou, léger (*tissu*…) > **flowing**
-qui se comprend facilement > **fluent**

-sans à-coup > **flowing**
--liquide > **a fluid**
--pouvoir surnaturel > **a power**

(UNE) FLÛTE
-zut! > **drat!**
--instrument de musique > **a flute**
--verre à pied pour le champagne > **a flute**
--pain mince et long > **a thin French stick**
--gros navire > **a flute**

UN FLUX
-écoulement d'un liquide organique > **a flow**
-flot de choses ou de personnes > **a stream of**

FONCER
-rendre une couleur plus sombre > **to go darker**
-(*fam*) aller très vite > **to rush to**
-aller de l'avant > **to forge ahead**
-garnir d'un fond en cuisine > **to line**

UNE FONCTION
-rôle, utilité > **a function**
-activité professionnelle > **an office**
-forme grammaticale > **a function**
-forme mathématique > **a function**

UNE FONDATION
-création > **a foundation**
-institution > **a foundation**
-ensemble des parties inférieures ou souterraines d'une construction > **(*pl*) foundations**

FONDRE
-liquéfier > **to melt**
-se dissoudre > **to dissolve**
-s'attendrir > **to melt**
-diminuer rapidement > **to melt away**
-fusionner > **to merge**
-perdre beaucoup de poids > **to slim down**
-foncer sur une proie > **to swoop on**
-couler du métal > **to smelt**

(UN) FONDU
-se dit d'un corps solide passé à l'état liquide > **melted**
-*(adj)* passionné de > **crazy about**
--*(nm)* passionné > **a buff**
--apparition ou disparition progressive d'une image sur un écran > **a dissolve**
--dégradé harmonieux de tons > **a shading**

DE LA / UNE FONTE
-alliage de fer et de carbone > **cast iron**
--action de fondre > **a melting**
--fourreau ou sacoche suspendue à l'arçon d'une selle et contenant des armes, des munitions ou des vivres > **a shires bag**

FORCÉ
-obligé > **forced**
-inévitable > **anavoidable**
-qui manque de naturel > **forced**

FORCER
-contraindre > **to force**
-fracturer > **to force**
-exagérer > **to overdo**
-augmenter *(allure…)* > **to increase**
-susciter > **to command**

UN FORFAIT
-crime > **a crime**
-abandon > **a withdrawal**
-somme fixée > **a package**
-abonnement de téléphone > **a phone bundle**
-pass de ski > **a ski pass**

UNE FORMATION
-création, processus > **a formation**
-enseignement > **a training**
-apprentissage > **a training**
-groupe > **a group**
-groupe d'avions militaires > **a formation**

UNE FORME
-aspect > **a shape**

-design > **a design**
-structure d'une œuvre musicale > **a form**
-condition physique > **a form**

FORMEL
-catégorique > **formal**
-qui s'attache à la forme > **formal**
-en linguistique, qui se rapporte au style > **formal**

UNE FORMULE
-expression > **an expression**
-mode d'organisation de voyage > **an option**
-menu de restaurant > **a menu**
-expression mathématique > **a formula**
-expression chimique > **a formula**
-recette magique > **a formula**

(UN / C'EST) FORT
-robuste > **strong**
-corpulent > **big**
-doué > **good at**
-qui a un volume sonore élevé > **loudly**
-qui impressionne vivement le goût et l'odorat > **strong**
-très > **a lot**
--ouvrage de fortification > **a fort**
---*(fam)* c'est difficile à croire > **the best of it is that…**

FORTEMENT
-avec force > **strongly**
-beaucoup > **highly**

UNE FORTUNE
-richesse > **a fortune**
-destin, hasard > **a fortune**

UN FORUM
-place des villes antiques > **a forum**
-colloque > **a forum**
-espace de discussion sur le web > **a forum**

UNE FOSSE
-creux dans le sol > **a pit**
-tombe > **a grave**
-emplacement de l'orchestre dans un théâtre > **an orchestra pit**

(UN) FOU
-dément > **mad**
-passionné > **crazy about**
-intense > **terrific**
-incroyable > **incredible**
--bouffon du roi > **a jester**
--pièce d'échec > **a bishop**
--homme atteint de folie > **a lunatic**

FOUDROYER
-frapper par la foudre > **to be struck by lightening**
-anéantir > **to strike down**
-tuer > **to kill**
-regarder qqun avec un regard méchant > **to look daggers at sb**

UN / LE FOUET
-instrument fait d'un manche et de lanières > **a whip**
-instrument de cuisine > **a whisk**
--châtiment corporel > **the whipping**

FOUETTER
-donner des coups de fouet > **to whip**
-battre vivement une préparation culinaire > **to whisk**
-cingler, frapper vivement (*vent, pluie…*) > **to lash**
-exciter, stimuler > **to arouse**

UNE FOUINE
-animal > **a stone marten**
-(*fam*) personne curieuse > **a snoop**

UN FOUR
-appareil électroménager de cuisson > **an oven**
-(*fam*) échec d'un spectacle > **a flop**

UNE FOURCHE
-outil > **a fork**
-partie avant d'un deux roues > **a fork**

-division d'un chemin > **a fork**
-séparation de cheveu > **a split end**

UNE FOURCHETTE
-couvert > **a fork**
-écart entre deux valeurs > **a range**

UN / DU FOURRAGE
-garniture > **a lining**
--nourriture pour le bétail > **fodder**

(UN) FOURRÉ
-garni intérieurement > **filled**
-doublé avec ≈ (ex: *fourré avec de la fourrure*) > **≈-lined (ex: *fur-lined*)**
--massif d'arbustes > **a thicket**

UN FOURRE-TOUT
-débarras > **a junk room**
-sac souple > **a holdall**
-ensemble d'idées diverses > **a catchall**

UN FOYER
-âtre > **a hearth**
-famille > **a household**
-lieu où habite une famille > **a home**
-local social de réunion > **a club**
-logement social > **a hostel**
-lieu de rassemblement > **a hall**
-origine, source > **a centre (*UK*) / a center (*USA*)**
-en optique, point de convergence > **a focus**

UNE FRACTURE
-rupture violente d'un os > **a fracture**
-cassure d'une roche > **a fracture**
-division, dissension > **a split**

UNE FRAÎCHEUR
-léger froid > **a coolness**
-qualité d'une chose nouvelle ou neuve > **a freshness**
-état d'une denrée périssable qui n'a pas eu le temps de se gâter > **a freshness**
-manque de cordialité > **a coolness**

(LES) FRAIS
-qui est légèrement froid > **cool**
-récent > **new**
-qui vient d'être appliqué et pas encore sec (*encre, peinture…*) > **wet**
-qui n'est pas encore gâté, flétri > **fresh**
-qui n'est pas fatigué > **fresh**
-dépourvu de cordialité > **cool**
--dépenses > **expenses**

UNE FRAISE
-fruit > **a strawberry**
-outil de dentiste > **a drill**
-outil pour couper > **a cutter**
-masse qui pend sous le bec des dindons > **a wattle**
-collerette au XVème siècle > **a ruff**
-(*fam*) visage > (*slang*) **a mug**

UN FRAISIER
-plante qui produit la fraise > **a strawberry plant**
-gâteau > **a strawberry cream cake**

(LE) FRANC
-honnête > **direct**
--monnaie française avant l'euro > **(French) franc**

UNE FRANCHISE
-sincérité > **a frankness**
-droit d'exploiter une marque > **a franchise**
-montant restant à charge d'un assuré > **a deductible**
-exonération de certaines taxes > **a tax exemption**

FRANCO
-exprime la double nationalité > **Franco-**
-sans frais par le destinataire > **postage paid**
-(*fam*) sans hésitation > **straight**

UNE FRANGE
-cheveux retombant sur le front > **a fringe**
-ornement de tissu avec des rangées de fils pendants > **a fringe**
-ce qui forme une bordure > **a fringe**
-minorité > **a fringe group**

UNE FRAPPE
-action de la dactylographe > **a typing**
-fabrication de monnaie > **a minting**
-attaque d'un boxeur > **a punch**
-manière de frapper le ballon, la balle > **a kick**
-opération militaire ponctuelle > **a strike**
-(*fam*) jeune voyou > **a yob**

FRAPPER
-donner un coup > **to strike**
-faire une vive impression sur > **to strike on**
-rafraichir en plongeant dans la glace > **to chill**
-toquer > **to knock**
-fabriquer de la monnaie > **to mint**

FRÉQUENTER
-aller souvent dans un lieu > **to go to**
-sortir avec qqun > **to go out with sb**

UN FRÈRE
-garçon né de mêmes parents > **a brother**
-religieux > **a friar**

(UN) FRIAND
-gourmand > **fond of**
--petit pâté > **a sausage roll**

UNE FRICTION
-frottement > **a friction**
-désaccord > **a friction**
-massage > **a rub**

FRISER
-boucler > **to curl**
-passer à ras > **to skim**
-confiner à > **to verge on**

UNE / DE LA FRISETTE
-mèche de cheveu bouclée > **a small curl**
--boiserie > **wainscot**

UNE / DE LA FRITURE
-action de frire un aliment > **a frying**
-corps gras servant à frire > **a frying oil**
-aliment frit > **a fried food**
--grésillement lors d'un appel téléphonique > **crackle**
--plat de petits poissons frits > **small fried fish**

(UN) FROID
-contraire de chaud > **cold**
-qui manque de chaleur humaine > **cold**
--fraicheur > **a cold**
--brouille > **a coolness**

FROISSER
-friper, chiffonner > **to crease**
-heurter par manque de tact > **to offend**
-abîmer un muscle > **to strain**
-abîmer une voiture > **to dent**

(UN) FROMAGER
-relatif au fromage > **cheese≈**
--personne qui fabrique et vend du fromage > **a cheese maker**
--grand arbre des régions tropicales > **a kapok**

UNE FRONDE
-sorte de lance-pierre > **a slingshot**
-révolte d'un groupe social > **a rebellion**
-feuille des fougères > **a frond**

UN FRONT
-partie du visage > **a forehead**
-audace, impudence > **an impudence**
-ligne de combat militaire > **a (battle) front**
-coalition > **a front**

-zone de contact entre deux masses d'air > **a front**

UN / LE FRUIT
-végétal > **a fruit**
--résultat de qqch > **the result of sth**

UNE FUGUE
-fuite > **a running away**
-composition musicale > **a fugue**

FUIR
-s'échapper pour s'enfuir > **to run away**
-laisser échapper un contenu > **to leak**

UNE FUITE
-action de s'échapper > **an escape**
-écoulement d'un fluide par une fissure > **a leak**
-indiscrétion > **a leak**

FUMER
-brûler du tabac > **to smoke**
-dégager de la fumée > **to smoke**
-exhaler de la vapeur > **to steam**
-exposer un aliment à la fumée pour le conserver > **to smoke**
-apporter du fumier à une terre > **to manure**

UN FUMET
-odeur agréable de la cuisson des viandes > **an aroma**
-bouillon surtout à base de poisson > **a stock**
-odeur du gibier > **a scent**

UN FUMEUR
-personne qui fume > **a smoker**
-personne qui pratique le fumage des aliments > **a curer**
-source chaude des dorsales océaniques > **a hydrothermal vent**

FUMEUX
-qui répand de la fumée > **smoky**
-obscur, peu clair > **hazy**

DU / UN FUMIER
-foin fermenté > **manure**
--(*argot*) personne méprisable > **a bastard**

(UN) FUNICULAIRE
-relatif au cordon ombilical > **funicular**
--train à crémaillère > **a funicular railway**

UN / LE FURET
-mammifère > **a ferret**
-personne curieuse > **a snoop**
--jeu de société > **pass the slipper**

UNE FURIE
-accès de rage > **a fury**
-mégère > **a shrew**

UN FUSAIN
-arbuste > **a spindle tree**
-bâton de charbon de bois servant à dessiner > **a piece of charcoal**
-dessin fait au fusain > **a charcoal**

UNE FUSÉE
-pièce d'artifice > **a rocket**
-navette spatiale > **a rocket**

(UN) FUSIBLE
-susceptible de fondre > **fusible**
-dont le point de fusion est peu élevé > **fusible**
--plomb (matériel électrique) > **a fuse**
--(*fam*) personne assumant une responsabilité pour protéger son supérieur > **a fuse**

UN FUSIL
-arme à feu > **a riffle**
-pierre pour affuter > **a steel**
-bon tireur > **a gunma**

UNE / LA FUSION
-passage d'un corps solide à l'état liquide sous l'action de la chaleur > **a melting**
-combinaison étroite de deux éléments > **a fusion**
-en physique nucléaire, union de plusieurs atomes légers en un atome plus lourd > **a fusion**
-rapprochement d'entreprise en économie > **a merger**
--style de rock > **jazz fusion**

FUSTIGER
-battre à coup de bâton > **to beat**
-critiquer vivement > **to pan**

Gg Gg Gg

ooooooooooooooooooooooooooooooooooooooooooooooooooooooooooo

UNE GABARE
-grande embarcation > **a barge**
-filet à mailles serrées utilisé à l'embouchure des rivières > **a net**

UNE GÂCHE
-partie d'une serrure > **a lock**
-outil de maçon > **a trowel**

GÂCHER
-gaspiller > **to waste**
-délayer et malaxer du plâtre ou du ciment > **to mix**

UNE / FAIT GAFFE
-perche munie d'un croc et d'une pointe métallique pour accoster > **a hook**
-bévue > **a blunder**
--*(fam)* fait attention! > **watch it!**

UN GAGE
-preuve, garantie > **a guarantee**
-pénitence lors d'un jeu > **a forfeit**
-caution > **a security**

GAGNER
-être le gagnant > **to win**
-obtenir une rétribution pour son travail > **to earn**
-tirer avantage > **to gain**
-atteindre un lieu > **to reach**
-envahir progressivement > **to spread to**
-économiser > **to save**

UNE GAINE
-étui, fourreau > **a sheath**
-sous-vêtement féminin > **a girdle**

-tuyau d'évacuation > **a duct**
-enveloppe isolante > **a sheath**
-élément d'anatomie musculaire > **a sheath**

UNE GALÈRE
-bateau > **a galley**
-*(fam)* situation difficile > **a nightmare**

UNE GALERIE
-espace couvert pour la circulation ou la promenade à l'intérieur ou à l'extérieur d'un bâtiment > **a gallery**
-passage souterrain > **a tunnel**
-grande salle d'apparat en longueur > **a hall**
-lieu où l'on présente des œuvres d'art > **a gallery**
-cadre métallique fixé sur le toit d'un véhicule > **a roof rack**

UNE GALETTE
-crêpe bretonne salée > **a (buckwheat) pancake**
-nom donné à certains gâteaux secs > **a shortbread biscuit**

UN GALON
-bande d'ornement dans l'habillement ou l'ameublement > **a piece of braid**
-signe distinctif des grades portés sur l'uniforme > **a stripe**

UN GALOP
-allure de cheval > **a gallop**
-danse > **a galop**

GALVANISER
-recouvrir une pièce métalique d'une couche de zinc à chaud > **to galvanize**
-donner de l'énergie soudaine, enthousiasmer > **to galvanize**

UNE GAMELLE
-récipient servant d'assiette (de campeur, d'ouvrier…) > **a lunch box**
-assiette pour chien > **a dog's bowl**
-(*fam*) chute > **a fall**
-(*fam*) projecteur > **a spot**

UNE GANACHE
-crème de pâtisserie > **a ganache**
-partie de mâchoire des quadrupèdes > **a lower jaw**
-(*fam*) abruti > **an idiot**

GARANTIR
-cautionner > **to guarantee**
-promettre > **to guarantee**
-assurer > **to ensure**

UN GARÇON
-enfant de sexe masculin > **a boy**
-serveur (*dans un restaurant, un café…*) > **a waiter**

UN / UNE GARDE
-gardien > **a guard**
--position prise pour engager le combat > **a guard**
--partie d'une arme blanche > **a hilt**
--partage des enfants après un divorce > **a custody**
--service de veille > **a duty**
--surveillance attentive > **a care**

GARDER
-conserver > **to keep**
-surveiller > **to guard**
-prendre soin de > **to take care of**

UNE GARNITURE
-accompagnement d'un plat > **an accompaniment**
-farce > **a filling**

-protection de renfort > **a lining**
-serviette hygiénique féminine > **a sanitary towel**

UN GARROT
-tête et encolure des grands quadrupèdes > **withers**
-dispositif de compression > **a tourniquet**
-canard > **a common goldeneye**

GÂTER
-abimer > **to spoil**
-combler de cadeaux > **to spoil**

GAUCHE
-contraire de droit > **left**
-maladroit > **awkward**

UN GAZ
-corps gazeux > **a gas**
-pet > **a fart**

UN GEL
-période de gelée > **a freezing weather**
-substance gélatineuse > **a gel**
-suspension d'une activité > **a freeze**

UNE GELÉE
-baisse de température > **a freezing weather**
-confiture > **a jelly**

UN GENDARME
-policier > **a policeman**
-insecte > **a firebug**
-pointe rocheuse difficile à franchir > **a gendarme**
-saucisse plate et sèche > **a dry flat sausage**

UNE / LA GÊNE
-dérangement > **a trouble**
-inconfort physique > **a discomfort**
-confusion, embarras > **an embarrassment**
--situation financière difficile > (*pl*) **financial difficulties**

(UN) GÉNÉRAL
-d'ensemble > **general**
-intégral > **general**
-abstrait, vague > **general**
--officier militaire > **a general**

(UN) GÉNÉRATEUR
-créateur de > **which causes…**
-relatif à la reproduction en biologie > **reproductive**
--dispositif électrique > **a generator**

(UN) GÉNÉRIQUE
-dont le sens englobe toute une catégorie > **common**
--médicament sans marque > **a generic drug**
--partie de début et fin d'un film > **credits**

UN / LE GÉNIE
-être mythique détenteur de pouvoirs magiques > **a genie**
-personne surdouée, talentueuse > **a genius**
-aptitude à créer des choses > **a genius**
--domaine militaire > **engineering**

UN GÉOMÈTRE
-spécialiste du relevé de terrain > **a surveyor**
-spécialiste de la géométrie > **a geometer**
-papillon > **a geometrid**

UNE / LA GERBE
-ensemble de tiges de céréales coupées > **a sheaf**
-bouquet de fleurs coupées > **a spray**
-forme prise par qqch qui jaillit > **a spray**
-jaillissement de flammes > **a burst**
--(*argot*) nausée > **puke**

UN GERME
-bactérie pathogène > **a germ**
-source > **a germ**

-bourgeon rudimentaire qui se développe sur certains organes sous-terrain, comme la pomme de terre > **a sprout**
-plantule > **a sprout**

UN GESTE
-mouvement du corps, le plus souvent de la main > **a movement**
-action généreuse > **a gesture**

UNE GIGUE
-cuisse de chevreuil > **a haunch of venison**
-danse > **a jig**
-instrument de musique > **a gigue**
-(*fam*) jambe > **a leg**

LE / UN GIRON
-milieu où l'on est en sécurité > **the bosom of sth**
--partie du corps qui va de la ceinture au genou quand on est assis > **a lap**
--largeur d'une marche d'escalier > **a tread**

UN / UNE / LE GÎTE
-logement touristique > **a lodge**
-abri > **a bed**
-emplacement où le lièvre se repose le jour > **a form**
-concentration géologique d'un minerai susceptible d'être exploité > **a deposit**
--inclinaison d'un bateau sur un bord > **a list**
---morceau de bœuf > **the shank**

GIVRÉ
-couvert de givre > **frosted**
-se dit d'un fruit dont l'intérieur est formé du sorbet du fruit (*sorbet orange ou citron*) > **a fruit sorbet (*orange or lemon sorbet*)**
-(*fam*) fou > **crazy**

DE LA / UNE GLACE
-eau congelée > **ice**
--crème glacée > **an ice cream**
--miroir > **a mirror**

GLACÉ
-très froid > **iced**
-brillant (ex : *du papier glacé*) > **glossy**
(ex : *glossy paper*)
-hostile ou indifférent > **frosty**

GLACER
-geler > **to freeze**
-rafraichir > **to chill**
-remplir d'effroi > **to make sb's blood**
run cold
-donner un aspect brillant > **to glaze**
-recouvrir de sucre > **to ice**

UN GLACIER
-vendeur de glace > **an ice cream**
man
-formation géologique > **a glacier**

UN GLAND
-fruit du chêne > **an acorn**
-élément de passementerie > **a tassel**
-extrémité renflée du pénis > **a glans**
-(*fam*) personne paresseuse et stupide
> **a jerk**

GLAUQUE
-vert tirant sur le bleu > **bluish-green**
-louche et sinistre > **seedy**

LE GLOUGLOU
-bruit d'un liquide > **the gurgle**
-cri du dindon > **the gobbling**

GLOUSSER
-appeler ses petits pour la poule > **to**
cluck
-pouffer de rire > **to giggle**

(UN) GLOUTON
-qui mange beaucoup > **greedy**
--goinfre > **a glutton**
--mammifère > **a wolverine**

UNE / LA GLYCINE
-arbuste > **a wisteria**
--acide aminé > **the glycine**

GOBER
-avaler sans mâcher > **to swallow**
-croire naïvement > **to swallow**
anything

UN GOMMAGE
-effacement > **an erasing**
-exfoliation > **a scrub**

UNE GOMME
-objet servant à effacer > **a rubber**
-résine > **a gum**
-lésion formant une grosseur qui se
ramolli > **a gumma**

UNE GONDOLE
-bateau vénitien > **a gondola**
-meuble présentoir > **a gondola**

GONFLER
-remplir d'air > **to inflate**
-grossir de volume > **to swell**
-augmenter artificiellement > **to inflate**
-(*fam*) exaspérer > **to bore**

UN GORET
-jeune porc > **a piglet**
-(*fam*) personne sale > **a pig**

UNE GORGE
-partie antérieure du cou > **a throat**
-vallée étroite > **a gorge**
-partie d'une serrure > **a tumbler**
-partie d'une poulie > **a groove**
-moulure > **a moulding**
-(littéraire) poitrine d'une femme > **a**
bosom

UN GORILLE
-grand singe > **a gorilla**
-garde du corps > **a bodyguard**

UN GOUJON
-poisson > **a gudgeon**
-axe sur lequel tourne une poulie > **a**
pin
-clou fileté sans tête servant à
assembler deux pièces > **a dowel**

UN GOUPILLON
-brosse cylindrique > **a bottle-brush**
-instrument pour asperger d'eau bénite
> **an aspersorium**

UNE / LA GOURDE
-bouteille > **a flask**
-personne niaise > **a dope**
-calebasse (plante grimpante) > **a gourd**
--unité monétaire d'Haïti > **the Gourde**

(UN) GOURMAND
-qui aime manger > **gourmand**
--personne qui aime manger > **a gourmand**
--rameau d'arbre fruitier > **a sucker**

UNE GOURMANDISE
-défaut du gourmand > **a greed**
-friandise > **a sweetmeat**

UN GOUSSET
-petite poche de gilet > **a fob pocket**
-élément de construction de charpente
> **a support**
-console de bois > **a gusset**
-pièce d'armure > **a gusset**

LE / UN GOÛT
-l'un des cinq sens > **taste**
--saveur > **a flavour** (*UK*) **/ a flavor**
(*USA*)
--attirance pour qqch > **a taste for**

(UN) GOÛTER
-tester la saveur de qqch > **to taste**
-expérimenter > **to try**
-apprécier > **to appreciate**
--collation dans l'après-midi > **an afternoon snack**

UNE / LA GOUTTE
-petite quantité de liquide > **a drop**
--maladie > **gout**

UNE GOUTIÈRE
-installation de drainage d'eau > **a gutter**

-appareil orthopédique > **a cast**

UNE GOUVERNANTE
-préceptrice > **a governess**
-employée de maison > **a maid**
-responsable dans un hôtel > **a housekeeper**

GOUVERNER
-diriger un pays > **to govern**
-diriger un bateau > **to steer**
-maitriser, diriger (*émotions…*) > **to control**

(UNE) GRÂCE
-à cause de > **thanks to**
-titre honorifique > **Grace**
--dispense d'exécution d'une peine > **a pardon**
--faveur > **a favour** (*UK*) **/ a favor**
(*USA*)
--volonté, disposition (*de bonne ou de mauvaise grâce*) > **a grace** (*with good or bad* **grace**)
--charme > **a grace**
--déesse grecque > **a Grace**

GRACIEUSEMENT
-élégamment > **gacefully**
-gratuitement > **free of charge**

UN GRADE
-échelon d'une hiérarchie > **a rank**
-unité de mesure d'angle > **a grade**
-niveau de viscosité d'un lubrifiant > **a grade**

UN GRADIN
-petite étagère > **a shelf**
-chacun des degrés d'une formation en dénivelé (*terrain, construction…*) > **a tier**

GRAILLER
-pousser son cri pour la corneille > **to caw**
-parler d'une voix enrouée > **to croak**
-(*argot*) manger > **to eat**

UN GRAIN
-semence > **a grain**
-texture d'une surface > **a grain**
-aspect en photographie > **a grain**
-coup de vent violent > **a squall**

GRAND
-de taille élevée > **tall**
-de dimension étendue > **big**
-marquant, exceptionnel > **great**
-beaucoup > **very**

UNE GRANDEUR
-dimension > **a size**
-splendeur > **a greatness**
-élévation morale > **a magnanimity**

UN GRANITÉ
-texture qui présente des petits reliefs > **a granite effect**
-sorbet de texture granuleuse > **a granita**

(UN) GRAPHIQUE
-qui se rapporte au dessin > **graphic**
--représentation schématique de données > **a graph**

GRAS
-gros > **fat**
-recouvert de graisse > **greasy**
-se dit des plantes cactées > **succulent**
-en imprimerie, caractéristique de l'épaisseur des caractères > **(in) bold**
-caractéristique de mine de crayon > **soft (pencil)**
-rauque (*voix, toux, rire…*) > **throaty**
-grossier, graveleux > **coarse**
-caractéristique de la richesse d'une terre > **fertile**

UNE GRATIFICATION
-prime > **a bonus**
-satisfaction narcissique > **a gratification**

UN / LE GRATIN
-préparation culinaire > **a gratin**

-croute qui se forme au-dessus d'un plat au four > **a topping**
--(*fam*) élite d'une société > **the who's who**

GRATINÉ
-cuit au four > **au gratin**
-ardu > **tough**
-(*fam*) complètement stupide > **top of the class**

GRATTER
-racler > **to scrape (off)**
-frotter le corps avec les ongles > **to scratch**
-faire éprouver une démangeaison > **to itch**
-(*fam*) grapiller > **to glean**

(UN) GRATUIT
-non payant > **free**
-sans motif > **gratuitous**
--journal distribué gratuitement > **a free newspaper**

(DE LA) GRAVE
-qui peut avoir des conséquences fâcheuses > **serious**
-solennel > **solemn**
-se dit d'un son basse fréquence > **deep**
-type d'accent, en orthographe > **grave (accent)**
-(*fam*) stupide > **stupid**
--mélange de sable et de gravillons > **aggregate**

UNE / LA GRAVITÉ
-solennité > **a solemnity**
-caractère d'une chose importante et dangereuse > **a seriousness**
-caractère d'un son bas > **a lowness**
--force de gravitation > **the gravity**

UNE GREFFE
-secrétariat d'une juridiction judiciaire > **a clerk's office**
-opération qui permet la multiplication des arbres > **a graft**

-transplantation d'organe > **a transplant**

(DE LA) GRÊLE
-long et menu > **spindly**
-dont la sonorité est faible et aigüe > **reedy**
--précipitation > **hail**

(UNE) GRENADE
-ville espagnole > **Granada**
--fruit > **a pomegranate**
--projectile explosif > **a grenade**

(UN) GRENADIN
-de Grenade > **Grenadian**
--tranche de veau > **a grenadine**
--œillet d'une variété très parfumée > **a grenadin**

UN GRENIER
-partie d'un bâtiment sous le toit > **an attic**
-bâtiment agricole pour stocker le grain > **a granary**

GRÉSILLER
-chanter pour le grillon > **to chirp**
-crépiter pour un son > **to crackle**
-tomber en parlant du grésil > **to rain as ice pellets (***UK***) / to sleet (***USA***)**
-crépiter en cuisant en friture > **to sizzle**

UNE GRÈVE
-cessation volontaire du travail > **a strike**
-rivage > **a shore**

UNE GRIFFE
-ongle de corne de certains animaux > **a claw**
-rhizome de certaines plantes > **a tendril**
-en joaillerie, cachet permettant de signer une création pour éviter la contrefaçon > **a claw**
-nom propre à un créateur > **a brand name**

-outil de jardinier > **a rake**

UN GRIFFON
-chien > **a griffon**
-animal fabuleux > **a griffin**

GRIGNOTER
-manger par petites quantités > **to nibble**
-gagner peu à peu du terrain > **to gain on**

UN GRILLAGE
-treillis métallique pour une clôture > **a wire netting**
-torréfaction > **a roasting**
-action d'un gaz sur un minerai à température élevée > **a roasting**

GRILLER
-cuire au grill > **to grill**
-toaster > **to toast**
-torréfier > **to roast**
-gratiner > **to broil**
-détruire par trop de chaleur > **to scorch**
-cesser de fonctionner pour un appareil électrique (*ampoule, fusible...*) > **to burn out**
-fumer une cigarette > **to have a smoke**
-(*fam*) démasquer > **to blow one's cover**
-(*fam*) discréditer > **to discredit**
-(*fam*) dépasser > **to overtake**

GRIMPER
-escalader, gravir > **to climb**
-atteindre une valeur plus élevée > **to soar**

GRINÇANT
-qui grince > **creaky**
-sarcastique > **sarcastic**

(UN) GRIS
-couleur intermédiaire entre blanc et noir > **grey (***UK***) / gray (***USA***)**

-terne, qui manque de luminosité > **grey (*UK*) / gray (*USA*)**
-couvert et nuageux > **overcast**
-(*fam*) éméché > **tipsy**
-se dit d'un tabac fort de qualité ordinaire > **grey (*UK*) / gray (*USA*)**
--vin gris > **a rosé (wine)**

GRISER
-enivrer légèrement, étourdir > **to intoxicate**
-exciter > **to intoxicate**
-flouter, masquer > **to mask**

GROGNER
-pousser son cri pour le porc > **to grunt**
-pousser son cri pour le chien > **to growl**
-(*fam*) bougonner > **to grumble**

GRONDER
-faire entendre un bruit sourd > **to rumble**
-être menaçant, imminent > **to be brewing**
-réprimander > **to tell off**

GROSSIER
-malpoli > **rude**
-sans finesse > **clumsy**
-insuffisamment précis > **rough**
-de mauvaise qualité > **basic**

UNE GRUE
-oiseau > **a crane**
-appareil de levage > **a crane**

UN GUÊPIER
-nid de guêpe > **a wasp's nest**
-situation inextricable > **a trap**
-oiseau > **a bee eater**

GUETTER
-surveiller, épier > **to watch out for**
-faire peser une menace imminente > **to be in danger of**

UNE GUEULE
-bouche des animaux > **a mouth**
-(*fam*) bouche d'un homme > **a gob**
-(*fam*) visage > **a mug**

UN / UNE GUIDE
-alpiniste professionnel > **a (travel) guide**
-livre de voyage > **a guide**
-motivation, phare > **a beacon**
-lanière de cuir pour guider un cheval, rêne > **a rein**
-(*nm*) homme qui montre le chemin ou fait visiter > **a guide**
--(*nf*) femme qui montre le chemin ou fait visiter > **a guide**
--jeune fille de 12-14 ans chez les scouts > **a girl guide (*UK*) / a girl scout (*USA*)**

UNE GUIGNE
-malchance > **a bad luck**
-cerise > **a sweet cherry**

UN GUIGNOL
-théâtre de marionnettes > **a puppet show**
-(*fam*) personne peu sérieuse > **a clown**

UNE GUIMAUVE
-friandise > **a marshmallow**
-plante des marais ou des prés > **a marshmallow**

UNE GUIMBARDE
-vieille voiture > **a jalopy**
-instrument de musique > **a jew's harp**

Hh *Hh* *Hh*

ooooooooooooooooooooooooooooooooooooooooooooooooooooooooo

UN HABILLAGE
-action de s'habiller > **a dressing**
-aspect extérieur que l'on donne à
qqch > **a presentation**

HABILLÉ
-vêtu > **dressed**
-chic > **smart**
-qui convient à une réunion élégante >
dressy

UN HACHOIR
-ustensile servant à hacher > **a mincer**
-planche sur laquelle on hache les
aliments > **a chopping board**

UNE HAIE
-clôture faite d'arbustes > **a hedge**
-obstacle en athlétisme > **a hurdle**

UNE HAMPE
-trait vertical en haut des lettres
comme t, h, ...et des notes de
musique > **an upstroke**
-trait vertical en bas des lettres comme
j, p ...et des notes de musique > **a**
downstroke
-manche en bois qui supporte un
drapeau > **a pole**
-tige > **a shaft**
-morceau de viande > **a skirt steak**

HANTER
-habiter pour un fantôme > **to haunt**
-obséder > **to haunt**

UN HARICOT
-légume > **a bean**
-récipient médical > **a kidney dish**

UNE HARMONIE
-ensemble ou suite de sons agréables
à l'oreille > **an harmony**
-bonne entente > **an harmony**

HARMONIEUX
-mélodieux > **melodious**
-équilibré > **harmonious**

UNE HARPE
-instrument de musique > **an harp**
-pierre en saillie d'un mur pour faire
jonction avec un autre mur > **a**
toothing stone
-mollusque > **an harp**

UNE HARPIE
-mégère > **a shrew**
-grand aigle > **an harpy eagle**
-personnage d'aigle à tête de femme >
an harpy

HARPONNER
-atteindre par un harpon > **to harpoon**
-(*fam*) arrêter qqun au passage > **to**
collar sb

HÂTER
-rendre plus rapide > **to hasten**
-avancer dans le temps > **to bring**
foward

UNE HAUSSE
-élévation, augmentation > **a rise**
-appareil placé sur le canon d'une
arme à feu et servant à son pointage >
a back-sight
-étage de ruche utilisé en apiculture >
a honey super

HAUSSER
-accroître > **to raise**
-augmenter l'intensité d'un son > **to raise**

HAUTEMENT
-fortement > **hightly**
-ouvertement, franchement > **openly**

UNE HAUTEUR
-taille > **a height**
-valeur géométrique > **a height**
-caractéristique lié à la fréquence de vibration d'un son > **a pitch**
-colline > **a hill**
-vision réfléchie > **a vision**
-arrogance > **a haughtiness**

UN HAVRE
-petit port bien abrité > **a harbour (UK) / a harbor (USA)**
-refuge sûr et tranquille > **a haven**

UNE HÉLICE
-appareil de propulsion > **a propeller**
-courbe géométrique > **a helix**

UN HÉMISPHÈRE
-chacune des deux moitiés du globe terrestre > **a hemisphere**
-chacune des deux moitiés du cerveau > **a hemisphere**

(UNE) HÉPATIQUE
-relatif au foie > **hepatic**
--plante > **a hepatica**

UNE / DE L'HERBE
-plante aromatique pour la cuisine > **an herb**
--gazon > **grass**
--(fam) marijuana > **grass**

UN HERBIER
-collection de plantes séchées > **a herbarium**
-fond sous-marin où poussent des plantes > **an aquatic plant habitat**

UN HÈRE
-homme misérable > **(a poor) wretch**
-jeune daim de 6 mois à un an > **a fawn**

UN HÉRISSON
-mammifère > **a hedgehog**
-brosse métallique > **a chimney brush**
-égouttoire > **a bottle drainer**
-couche de blocs de pierres servant de fondations > **a hardcore layer**
-(fam) personne d'un abord difficile > **a prickly person**

HERMÉTIQUE
-se dit d'une fermeture parfaitement étanche > **≈ tight (airtight / watertight)**
-qui est difficile à comprendre > **abstruse**
-insensible, non réceptif > **unreceptive**

UNE / DE L'HÉROÏNE
-héros féminin > **an heroine**
--drogue > **heroin**

UN HÉROS
-être magnifique > **an hero**
-personnage principal d'une œuvre de fiction > **an hero**

UNE HERSE
-instrument agricole > **a harrow**
-grille coulissante > **a portcullis**
-pièce munie de pointes servant à barrer une route > **a spike strip**

UNE HEURE
-unité de temps > **an hour**
-moment > **a time**
-bonheur > **a happiness**

HEURTER
-entrer en collision > **to hit**
-contrarier vivement > **to upset**

UN HIATUS
-manque de continuité, de cohérence
> a gap
-succession de deux voyelles
appartenant à des syllabes différentes
> a hiatus
-anatomie : orifice naturel étroit **> a hiatus**

L' / UNE HISTOIRE
-science qui étudie le passé de
l'humanité **> the history**
-partie du passé postérieur à
l'apparition de l'écriture **> the history**
--récit **> a story**
--récit mensonger visant à tromper **> a fib**
--incident **> a trouble**

UN HOBEREAU
-petit faucon **> a hobby**
-(*souvent péjoratif*) gentilhomme
campagnard **> a squire**

HONNÊTE
-respectueux des lois **> honest**
-satisfaisant, correct **> fair**

UN HONNEUR
-fierté de soi **> an honour(*UK*) / an honor (*USA*)**
-marque ou témoignage d'estime,
d'admiration **> an honour (*UK*) / an honor (*USA*)**

HONORABLE
-digne d'admiration, de considération **> honourable (*UK*) / honorable (*USA*)**
-d'un niveau convenable **> respectable**

HONORER
-rendre hommage **> to honour (*UK*) / to honor (*USA*)**
-remplir ses engagements **> to honour (*UK*) / to honor (*USA*)**

HOSPITALIER
-relatif à l'hôpital **> hospital** ≈

-accueillant **> hospitable**
-relatif à certains ordres religieux
militaires **> Hospitaller**

UN HÔTE
-personne qui est reçue chez qqun **> a guest**
-personne qui reçoit qqun **> a host**
-organisme vivant qui héberge un
parasite **> a host**

UNE HOTTE
-grand panier que l'on porte sur le dos
> a grape basket
-sac du Père Noël **> a sack**
-appareil électroménager **> a hood**

UNE HUCHE
-coffre pour conserver le pain **> a bred bin**
-grand coffre médiéval à couvercle plat
qui pouvait servir de banc **> a chest**

UNE HUILE
-liquide gras **> an oil**
-tableau exécuté à la peinture à l'huile
> an oil painting
-(fam) personnage important **> a bigwig**

UN HUILIER
-appareil de table qui réunit huile et
vinaigre **> an oil (and vinegar) set**
-industriel fabriquant de l'huile
alimentaire **> an oil manufacturer**

UN HUISSIER
-employé chargé d'annoncer et
d'introduire les invités lors de
cérémonies officielles **> an usher**
-employé chargé du service dans les
assemblées, les administrations **> an usher**
-employé de justice **> a bailiff**

(UN) HUMAIN
-relatif à l'homme **> human**
-compatissant **> humane**
--être vivant **> a human being**

L' / UNE HUMANITÉ
-ensemble des hommes > **the humanity**
--compassion > **a compassion**

UNE HUMEUR
-état d'esprit, état thymique > **a mood**
-liquide de l'organisme > **a body fluid**

HUPPÉ
-se dit de certains oiseaux qui portent une huppe > **crested**
-(*fam*) d'un rang social élevé > **posh**

UNE / DE LA HURE
-tête de certains animaux > **a head**
-tête de sanglier formant un trophée > **a head**
--charcuterie > **brawn**

(UN) HYDROPHILE
-qui aime l'eau > **hydrophilic**
--insecte > **a scavenger beetle**

L' HYMEN
-membrane vaginale > **the hymen**
-mariage > **the marriage**

UNE HYPERBOLE
-procédé de style littéraire > **a hyperbole**
-figure géométrique > **a hyperbola**

UNE HYPERTONIE
-état d'hyper concentration moléculaire > **a hypertonia**
-exagération du tonus musculaire > **a hypertonia**

UN HYPODERME
-partie profonde de la peau > **a hypodermis**
-grosse mouche > **a warble fly**

HYPOTHÉQUER
-gager > **to mortgage**
-compromettre > **to jeopardize**

UNE HYPOTONIE
-état d'hypo concentration moléculaire > **a hypotonia**
-insuffisance de tonus musculaire > **a hypotonia**

Ĭ i 𝐼 i 𝐼 i

ooooooooooooooooooooooooooooooooooooooooooooooooooooooooooooo

UNE ICÔNE
-élément graphique informatique **> an icon**
-image sacrée **> an icon**
-personne représentative **> an icon**

IGNORER
-ne pas savoir **> not to know**
-ne pas tenir compte de **> to ignore**

UNE ILLUMINATION
-éclairage **> an illumination**
-décoration lumineuse **> a lighting**
-trait de génie **> an enlightenment**

UN ÎLOT
-très petite île **> a small island**
-élément isolé au sein d'un espace plus grand **> an island of**
-pâté de maison **> a block**

IMMANQUABLE
-inévitable **> bound to happen**
-qu'on ne peut rater **> impossible to miss**

UNE IMMERSION
-action de plonger un corps dans un liquide **> an immersion**
-fait de se retrouver dans un milieu **> an immersion**
-astronomie : début de l'occultation d'un astre **> an immersion**

IMMONDE
-d'une saleté qui provoque le dégoût **> foul**
-d'une immoralité répugnante **> appalling**

UNE IMMUNITÉ
-ensemble des mécanismes de défense d'un organisme **> an immunity**
-droit de bénéficier d'une dérogation à la loi **> an immunity**

UN IMPACT
-collision **> an impact**
-effet produit **> an effect**

(UN) IMPAIR
-non divisible par deux **> odd**
--maladresse, bévue **> a blunder**

(L') IMPARFAIT
-qui présente des lacunes **> imperfect**
--temps de conjugaison **> the imperfect tense**

UNE IMPASSE
-voie sans issue **> a cul de sac**
-situation ne présentant pas d'issue favorable **> a deadlock**
-fait de ne pas étudier un sujet (*faire l'impasse*) **> a miss (*to skip over*)**

IMPÉNÉTRABLE
-où on ne peut pas entrer **> impenetrable**
-impossible à comprendre **> impenetrable**

(UN / L') IMPÉRATIF
-qui a le caractère du commandement **> imperative**
-qui est d'une nécessité absolue **> imperative**
--nécessité absolue **> an imperative**

---temps de conjugaison > **the imperative tense**

IMPÉRIEUX
-autoritaire > **imperious**
-pressant > **pressing**

UNE IMPLANTATION
-installation > **a setting up**
-manière dont les cheveux sont plantés > **an implantation of hair**
-manière dont les dents sont plantées > **an implantation of teeth**
-introduction d'une marque ou d'un produit sur un marché > **an implantation**
-nidation embryonnaire > **an implantation**

UNE IMPLICATION
-participation > **an involvement**
-conséquence > **a consequence**
-connecteur propositionnel mathématique > **an implication**

IMPORTER
-contraire d'exporter > **to import**
-avoir de l'importance > **to matter**

IMPOSÉ
-obligatoire > **imposed**
-soumis à l'impôt > **taxed**

IMPOSER
-obliger à faire > **to impose**
-taxer > **to tax**

IMPOSSIBLE
-non réalisable > **impossible**
-se dit de qqun d'insupportable > **unbearable**
-se dit de choses bizarres ou extravagantes > **incredible**

UNE IMPRESSION
-méthode d'imprimerie > **a printing**
-première couche d'une peinture > **a priming**
-sentiment, opinion > **an impression**

UNE IMPUISSANCE
-manque de pouvoir, de moyen > **a powerlessness**
-trouble de l'érection > **an impotence**

INABORDABLE
-qu'on ne peut atteindre pour un lieu > **inaccessible**
-qu'on ne peut approcher pour une personne > **unapproachable**
-que l'on ne peut payer car très cher > **prohibitive**

INACCESSIBLE
-dont l'accès est impossible > **inaccessible**
-que l'on ne peut comprendre > **unfathomable**
-insensible à > **insensitive to**

INACTIF
-oisif > **idle**
-inefficace > **inactive**

INAUGURER
-procéder à l'inauguration > **to inaugurate**
-introduire une chose nouvelle > **to launch**
-marquer le début de > **to usher in**

UNE INCIDENCE
-conséquence, répercussion > **an effect**
-outil mathématique > **an incidence**
-nombre de nouveau cas d'une maladie dans une population pendant un temps donné > **an incidence**

(UN) INCIDENT
-qui se produit par hasard > **incidental**
-en physique, se dit d'un corps qui se dirige vers un autre > **incident**
-qualificatif de proposition grammaticale > **interpolated**
--évènement fâcheux > **an incident**

UNE INCINÉRATION
-réduction en cendres > **an incineration**
-crémation > **a cremation**

INCLINER
-pencher légèrement > **to tilt**
-inciter > **to incline towards**

INCOMMODE
-qui n'est pas pratique > **awkward**
-inconfortable > **uncomfortable**

INCOMPRESSIBLE
-qui ne peut être comprimé > **incompressible**
-qui ne peut être réduit > **irreducible**

UNE INCONSCIENCE
-perte de connaissance > **an unconsciousness**
-inconséquence > **a recklessness**

INCONTINENT
-qui ne maitrise pas ses sphincters > **incontinent**
-dont la vie sexuelle est débridée > **promiscuous**
-qui manque de modération > **uncontrolled**
-(*adv*) aussitôt > **immediately**

INCORRECT
-qui comporte des erreurs > **wrong**
-malpoli > **rude**

INCORRUPTIBLE
-intègre > **incorruptible**
-inaltérable > **immutable**

INCREVABLE
-qui ne peut pas être crevé > **puncture-proof**
-(*fam*) qui n'est jamais fatigué > **tireless**

UNE INCUBATION
-couvaison > **an incubation**

-période entre la transmission et le début d'une maladie > **an incubation**

INCULTE
-non cultivable (*champs…*) > **uncultivated**
-ignorant > **uneducated**

INDÉCENT
-qui choque la pudeur > **indecent**
-scandaleusement ostentatoire > **indecent**

UN INDEX
-doigt > **an index finger**
-liste alphabétique de données > **an index**
-repère servant de réglage de position sur une graduation > **a pointer**

(UN / L') INDICATIF
-qui renseigne > **indicative**
--thème musical > **a theme tune**
--numéro de zone géographique au début d'un numéro de téléphone > **a dialling code**
---mode de conjugaison > **the indicative**

UN INDICE
-trace, indication > **a clue**
-nombre permettant de caractériser la variation d'une grandeur > **an index**
-outil d'écriture mathématique > **an index**

INJECTER
-introduire un liquide dans un corps > **to inject**
-fournir massivement des capitaux > **to inject**

UNE INNOCENCE
-absence de culpabilité > **an innocence**
-naïveté > **an innocence**

INQUIÉTER
-alarmer > **to worry**
-menacer > **to disturb**

UN INSERT
-brève séquence introduite dans un programme radio ou télé > **an insert**
-foyer fermé de cheminée > **a fireplace insert**

UNE INSPIRATION
-mouvement respiratoire > **an inspiration**
-esprit créatif > **an inspiration**
-idée soudaine > **an inspiration**

UNE INSTALLATION
-mise en place d'un appareil > **an installation**
-emménagement dans un logement > **a settling in**
-début d'activité professionnelle libérale > **a setting up**

INSTRUIRE
-enseigner > **to teach**
-informer > **to inform**
-conduire une investigation en justice > **to conduct an investigation**

UNE INTÉGRITÉ
-état de qqch qui n'est pas altéré > **an integrity**
-intégralité > **an entirety**
-honnêteté > **an integrity**

INTENABLE
-insupportable > **unbearable**
-indisciplinable > **uncontrollable**
-irréalisable > **impossible**
-indéfendable > **untenable**

(UN) INTERDIT
-non autorisé > **forbidden**
-déconcerté > **dumbfounded**
--interdiction > **a prohibition**

INTÉRESSANT
-digne d'intérêt > **interesting**
-avantageux > **attractive**

UN INTÉRÊT
-somme que paie un débiteur à un créancier > **an interest**
-avantage > **an interest**
-curiosité > **an interest**
-valeur > **an interest**

(UN) INTÉRIEUR
-du dedans > **inside**
-qui se rapporte à la vie morale de l'homme > **inner**
-qui concerne un pays > **domestic**
--dedans de qqch (*maison, boîte…*) > **an inside**

(UN) INTERNE
-intérieur > **internal**
--élève logé dans l'école > **a boarder**
--étudiant en fin d'étude de médecine > **an intern**

INTERNER
-enfermer (*dans un camp, une prison…*) > **to intern**
-hospitaliser en psychiatrie > **to commit**

UNE INTERPRÉTATION
-action de donner un sens à qqch > **an interpretation**
-action de jouer un rôle > **a performance**

INTERROMPRE
-rompre la continuité de qqch > **to interrupt**
-couper la parole > **to interrupt**

UN INTERVALLE
-distance séparant deux points > **a space**
-temps séparant deux moments > **an interval**
-élément mathématique > **an interval**

INTERVENIR
-agir > **to intervene**
-se produire, avoir lieu > **to take place**
-prendre la parole pour donner son
avis > **to speak**
-opérer (chirurgie) > **to operate**

(UN) INTESTIN
-qui se passe entre des adversaires
appartenant à la même communauté >
internal
--organe > **a bowel**

(UN) INTIME
-personnel, privé > **private**
-en comité restreint > **small**
-qui concerne les parties génitales >
intimate
--personne proche > **a close friend**

UNE INTOLÉRANCE
-intransigeance > **an intolerance**
-réaction indésirable à un médicament
> **an intolerance**

INTOXIQUER
-empoisonner > **to poison**
-influencer en faisant perdre tout sens
critique > **to brainwash**

UNE INTRODUCTION
-insertion > **an insertion**
-préambule > **an introduction**

UNE INVASION
-action d'envahir un pays > **an
invasion**
-arrivée massive de personnes ou de
choses > **an invasion**
-phase de contagiosité d'une maladie
infectieuse > **an infestation**

UNE INVENTION
-création > **an invention**
-affabulation > **a fabrication**

INVESTIR
-charger solennellement d'une mission
> **to invest**

-se répandre dans un lieu (*soldats,
policiers…*) > **to surround**
-placer des capitaux > **to invest**

INVIOLABLE
-qu'on ne peut pas enfreindre >
inviolable
-se dit d'un lieu imprenable >
impregnable

INVITER
-convier > **to invite**
-inciter > **to invite**

INVOQUER
-prier > **to pray**
-alléguer > **to invoke**

IONIQUE
-relatif à des ions > **ionic**
-style architectural > **ionic**

UN IRIS
-partie de l'oeil > **an iris**
-plante > **an iris**

(UN) IRRÉDUCTIBLE
-qu'on ne peut réduire, simplifier >
irreducible
-se dit d'une équation non résolvable >
irreducible
-inflexible > **implacable**
--personne qui résiste > **a diehard**

UNE IRRÉGULARITÉ
-aspérité, rugosité > **a roughness**
-action contraire à la loi > **an
irregularity**

IRRÉMISSIBLE
-impardonnable > **unforgivable**
-inexorable > **inexorable**

IRRÉSISTIBLE
-irrépressible > **compelling**
-séduisant > **irresistible**
-hilarant > **hilarious**

IRRÉSOLU
-non résolu > **unresolved**
-indécis > **irresolute**

IRRESPIRABLE
-ampuanti > **unbreathable**
-se dit d'un milieu difficile à supporter
> **oppressive**

IRRITABLE
-qui s'enflamme facilement en parlant
d'un organe > **irritable**
-colérique > **irritable**

IRRITER
-enflammer > **to irritate**
-agacer > **to irritate**

ISOLER
-mettre à l'écart > **to isolate**
-protéger de l'environnement
extérieure (*bruit, température…*) > **to
insulate**

-empêcher une conduction électrique
> **to insulate**

UNE ISSUE
-sortie > **an exit**
-fin > **an outcome**

L'IVOIRE
-matière de la dent > **the dentine (*UK*)
/ the dentin (*USA*)**
-matière des défenses d'éléphant >
the ivory

IVRE
-saoul > **drunk**
-exalté > **drunk with**

UNE IVRESSE
-ébriété > **a drunkenness**
-euphorie > **an euphoria**

J j J j J j

ooooooooooooooooooooooooooooooooooooooooooooooooooooooooo

UN JABOT
-poche dans le cou des oiseaux > **a crop**
-col en dentelle > **a ruffle**

JACASSER
-crier pour la pie > **to chatter**
-bavarder sans cesse > **to chatter**

UNE JACTANCE
-vantardise > **a conceit**
-bavardage, barratin > **a chattering**

UNE JALOUSIE
-désir douloureux de posséder exclusivement une personne > **a jealousy**
-dépit envieux à la vue des avantages des autres > **an envy**
-store à lame > **a Venetian blind**

UNE JAMBE
-membre inférieur > **a leg**
-partie d'un pantalon > **a (trouser) leg**
-pilier en pierre que l'on intercale dans un mur pour le renforcer > **a prop**

UNE JAQUETTE
-veste de cérémonie pour homme dont les pans ouverts se prolongent en arrière > **a morning coat**
-veste de tailleur pour femme > **a jacket**
-couverture de protection (*pour livres, CD…*) > **a jacket**
-prothèse remplaçant la couche d'émail de la couronne dentaire > **a teeth crown**

UNE JARDINIÈRE
-bac à fleurs > **a window box**
-assortiment de légumes coupés > **mixed vegetables**
-femme qui jardine > **a gardener**
-insecte aussi appelé carabe doré > **a golden ground beetle**

UN JARGON
-charabia > **a gibberish**
-vocabulaire propre à une profession > **a jargon**
-cri de jars > **a gabbling**

UNE / UN JARRE
-grand vase en terre cuite > **an earthenware jar**
--crin > **a bristle**

UNE JAUGE
-dispositif de mesure de quantité de liquide ou de graines > **a gauge**
-en agriculture, tranchée qui sépare la terre labourée de celle qui ne l'est pas encore > **a seedbed**

JAUGER
-mesurer avec une jauge > **to gauge**
-estimer > **to size up**

(UN) JAUNE
-couleur > **yellow**
--jaune de l'œuf > **an egg yolk**

UN JET
-action de lancer > **a throw**
-portée d'un lancé > **a throw**
-jaillissement > **a flow**
-tuyau d'arrosage > **a hose**
-avion à réaction > **a jet**

JETER
-envoyer loin en jetant > **to throw**
-mettre aux ordures > **to throw away**

UN JEU
-activité ludique > **a game**
-division d'un set au tennis > **a game**
-série complète d'objet de même nature > **a set**
-ensemble de cartes > **a hand**
-pari d'argent > **a gambling**
-manière de jouer pour un acteur > **an acting**
-style d'un sportif > **a game**

UN JOGGING
-course à pied > **a jogging**
-survêtement > **a tracksuit**

JOINDRE
-contacter > **to reach**
-relier > **to link**
-mettre dans une lettre > **to enclose**
-attacher un fichier > **to attach**
-ajouter > **to add**

(UN) JOINT
-qui est relié > **linked**
-qui est mis dans une lettre > **enclosed**
-qui est attaché à un fichier ou un mail > **attached**
--cigarette de marijuana > **a joint**
--pièce d'étanchéité > **a seal**
--ligne de ciment séparant les carreaux de carrelage > **a pointing**

UN JOKER
-carte à jouer > **a wild card**
-en informatique, caractère quelconque > **a wild card**
-élément inatendu qui se révèle positif pour le succès d'une entreprise > **a joker (in the pack)**
-remplaçant temporaire > **a stand-in**

JONGLER
-faire du jonglage > **to juggle**

-manier avec une grande habileté > **to juggle with**
-(*fam*) souffrir > **to suffer**

UNE JOUE
-partie du visage > **a cheek**
-pièce de bœuf > **an ox cheek**
-espace en dessous de l'accoudoir d'un canapé > **a side of a sofa**

JOUER
-participer à un jeu > **to play**
-exercer le métier d'acteur > **to play**
-manier un instrument de musique > **to play**
-participer à une compétition sportive > **to play**
-pratiquer un sport de balle > **to play**
-se déformer sous l'effet de l'humidité > **to warp**
-risquer (*réputation, avenir, relation…*) > **to stake**
-influencer > **to affect**
-parier au casino > **to gamble**
-parier au couses > **to bet**

(UN) JOUEUR
-qui aime jouer > **playful**
--participant à un jeu > **a player**
--personne qui a la passion pour les jeux d'argent > **a gambler**
--personne qui joue d'un instrument > **a player**
--personne qui pratique un sport > **a player**
--personne qui prend des risques > **a player**

UN JOUG
-élément d'atelage en bois > **a yoke**
-asservissement > **a yoke**

JOUIR
-atteindre l'orgasme > **to come**
-savourer, tirer un vif plaisir > **to enjoy**
-bénéficier de, posséder > **to enjoy sth**

UN / LE JOUR
-vingt-quatre heures > **a day**
-moment déterminé, date > **a day**
-petite ouverture > **an opening**
-aspect > **a light**
--clarté, lumière du jour > **the daylight**
--par opposition à la nuit > **the day**

(UN) JOURNALIER
-quotidiennement > **daily**
--travailleur payé à la journée > **a day labourer (*UK*) / a day laborer (*USA*)**

UN JOYAU
-bijou fait de matière précieuse > **a jewel**
-chose très belle ou de grande valeur > **a gem**

UN JUGEMENT
-verdict d'un juge > **a sentence**
-opinion > **a judgement**

(UNE) JUGULAIRE
-se dit de chacune des quatre grosses veines situées sur le côté du cou > **jugular**
--sangle de cou > **a chin strap**

UNE JULIENNE
-légumes coupés en fins bâtonnets > **(vegetable) julienne**
-poisson > **a blue ling**
-plante > **a dame's-violet**

UN JUMEAU
-frère identique > **a twin**
-sosie > **a double**
-muscle > **a gemellus muscle**
-pièce de bœuf à bifteck > **a steak**

DES JUMELLES
-sœurs identiques > **twins**

-instrument d'optique > **binoculars**

UNE JUPE
-vêtement féminin > **a skirt**
-carenage de tôle > **a skirt**
-surface latérale d'un piston > **a skirt**

(UN) JURÉ
-promis ! > **that's a promise !**
-couvert par un serment > **sworn**
--citoyen désigné pour un procès > **a member of a jury**
--membre d'un jury > **a juror**

JURER
-promettre > **to swear**
-dire des jurons > **to swear**
-être mal assorti, dissoner > **to clash**

UN / DU JUS
-liquide extrait de la pulpe d'un fruit > **a juice**
-suc résultant de la cuisson d'une viande > **a (meat) juice**
-(*fam*) café noir > **a coffee**
-couleur diluée peinte sous un tableau > **a glaze**
--(*fam*) courant électrique > **juice**

JUSTE
-conforme à l'équité > **fair**
-exact > **right**
-trop étroit > **tight**
-qui suffit à peine > **not enough**
-géné financièrement > **short**
-exactement > **exactly**
-seulement > **just**

JUSTIFIER
-établir le bien fondé > **to justify**
-déterminer la largeur d'un texte en typographie > **to justify**

Kk Kk Kk

ooooooooooooooooooooooooooooooooooooooooooooooooooooooooooooooo

(UN) KAKI
-couleur **> khaki**
--fruit **> a persimmon**

UN KIWI
-fruit **> a kiwi fruit**
-oiseau **> a kiwi**

Ll Ll Ll

ooooooooooooooooooooooooooooooooooooooooooooooooooooooooooooo

UN LABORATOIRE
-lieu d'analyses ou de recherches
scientifiques > **a laboratory**
-firme pharmaceutique > **a laboratory**

LABORIEUX
-industrieux > **hard working**
-long et difficile > **laborious**

UN LABRE
-poisson > **a wrasse**
-lèvre supérieure des arthropodes > **a labrum**
-bord extérieur de l'ouverture de la
coquille des mollusques > **a labrum**

UN LACET
-cordon pour chaussures > **a lace**
-série de lignes sinueuses > **a sharp bend**
-noeud coulant pour prendre le gibier >
a snare

LÂCHER
-cesser de tenir > **to let go of**
-faire tomber > **to drop**
-se casser, céder > **to break**
-libérer (*animaux…*) > **to release**
-distancer > **to leave behind**
-abandonner > **to drop out**
-(*fam*) dire brutalement > **to come out with**

LÂCHE
-couard > **coward**
-méprisable > **cowardly**
-qui n'est pas tendu, desseré > **loose**

LADRE
-lépreux > **leprous**
-avare > **miserly**

UNE LADRERIE
-léproserie > **a leper house**
-avarice > **an avarice**
-maladie du porc ou du bœuf dû à un
taenia > **a cysticercosis**

UNE LAIE
-femelle du sanglier > **a wild sow**
-sentier rectiligne percé dans une forêt
> **a forest path**

UN LAINAGE
-vêtement de laine tricoté > **a woollen garment**
-tissu de laine > **a woolen fabric**
-toison des moutons > **a fleece**

UNE LAISSE
-lanière pour conduire un chien > **a leash**
-partie de la plage découverte à marée
basse > **a foreshore**

UNE LAITIÈRE
-vache > **a dairy cow**
-pot-à-lait > **a milk churn**

UN LAMA
-animal > **a llama**
-moine boudhiste > **a lama**

UNE LAME
-partie tranchante d'un instrument > **a blade**
-épée > **a sword**
-rectangle de verre sur lequel on dépose ce que l'on va regarder au microscope > **a slide**
-grosse vague bien formée > **a wave**
-élément de store > **a slat**
-planche de parquet > **a board**

UNE LAMELLE
-fine tranche d'aliment > **a slice**
-petit morceau fin de métal > **a thin strip**
-petit morceau fin de verre ou de bois > **a sliver**
-carré de pastique pour recouvrir ce que l'on va regarder au microscope > **a cover glass**
-organe de champignon situé sous le chapeau > **a lamella**

LAMINER
-faire subir à un produit métallurgique une déformation par passage dans un laminoir > **to laminate**
-enlever toutes les forces à qqun > **to exhaust**

UN LAMPISTE
-personne chargée de l'entretien des lampes dans une gare > **a light maintenance man**
-employé subalterne à qui l'on fait injustement endosser une faute > **an underling**

UNE LANCE
-arme > **a spear**
-tuyau de pompier > **a hose**

LANCER
-jeter > **to throw**
-tirer > **to fire**
-débuter la diffusion d'un nouveau produit > **to launch**
-mettre en marche > **to start**

-causer une douleur pulsatile > **to cause a throbbing pain**
-proclamer (*mandat d'arrêt, appel…*) > **to issue**

UN LANCEUR
-personne qui lance un objet > **a thrower**
-celui qui lance la balle au baseball > **a pitcher**
-celui qui lance la balle au cricket > **a bowler**
-véhicule propulsif > **a launcher**

UNE LANGUE
-organe > **a tongue**
-langage > **a language**

UNE LARME
-goutte lacrymale > **a tear**
-petite quantité de liquide > **a drop**

LARMOYANT
-dont les yeux sont remplis de larmes > **tearful**
-qui se plaint continuellement > **snivelling**

LARMOYER
-pleurer involontairement > **to water**
-pleurnicher > **to snivel**

UNE LATITUDE
-coordonnée horizontale > **a latitude**
-liberté > **a leeway**

UNE LATTE
-planchette de bois de plancher > **a board**
-planchette de bois de sommier > **a slat**
-sabre sans courbure > **a sword**
-(*fam*) chaussure > **a shoe**

UNE LÉGENDE
-récit merveilleux > **a legend**
-histoire déformée et embellie par l'imagination > **a legend**
-sous-titre explicatif > **a caption**

LÉGER
-contraire de lourd > **light**
-très faible > **small**
-sans gravité > **minor**
-qui a de la finesse > **delicate**
-sans soucis, serein > **gentle**
-superficiel, frivole > **frivolous**

UNE LÉGION
-unité fondamentale de l'armée romaine > **a legion**
-grand nombre > **a legion**

UN LÉGUME
-plante potagère > **a vegetable**
-(*fam*) personne réduite à une existance végétative > **a vegetable**
-(*fam*) personnage important > **a bigwig**

UN LÉGUMIER
-plat creux pour servir les légumes > **a vegetable dish**
-producteur de légumes > **a vegetable grower**

UNE LENTILLE
-légumineuse > **a lentil**
-verre taillé servant en optique > **a lens**
-verre de contact > **a contact lens**

LÉSER
-faire du tort à qqun > **to prejudice**
-produire une lésion > **to injure**

UNE LETTRE
-caractère d'écriture > **a letter**
-missive > **a letter**

LEVER
-placer plus haut > **to raise**
-soulever > **to lift**
-collecter > **to collect**
-gonfler pour une pâte > **to rise**
-cesser, enlever (*siège, interdiction, punition, secret...*) > **to remove**
-ajourner > **to adjourn**

UN LEVIER
-outil servant à lever > **a lever**
-manette > **a lever**
-moyen d'action > **a lever**

UNE LÈVRE
-pourtour de la bouche > **a lip**
-pourtour de la vulve > **a labia**
-bord saillant d'une ouverture, d'une plaie > **a lip**
-géologie : chacune des deux parois d'une faille > **a lip**
-partie proéminente de la corolle d'une fleur > **a lip**

UNE LEVURE
-ferment > **a yeast**
-champignon > **a yeast**

UN LÉZARD
-reptile > **a lizard**
-(*fam*) problème > **a problem**

UNE LÉZARDE
-crevasse > **a crack**
-galon d'ameublement servant à cacher les coutures > **a hem cover**

UNE LIAISON
-union, jonction > **a link**
-rapport, lien > **a connection**
-relation amoureuse > **an affair**
-lien phonétique entre deux mots > **a liaison**
-lien entre atomes en chimie > **a bond**
-ligne de transport > **a link**

(UN) LIANT
-prompt à se faire des amis > **sociable**
--matière ajoutée à une autre pour l'agglomérer > **a binder**
--constituant des vernis et peintures qui assure une bonne dispersion des pigments > **a binder**

LIBÉRAL
-aux idées larges > **liberal**
-qui adhère au pricipe de liberté en économie > **free market** ≈
-en rapport avec une profession libérale > **private practice**

LIBÉRÉ
-devenu libre > **released**
-dégagé d'une obligation, d'une peine > **freed from**
-affranchi des contraintes sociales en matière de mœurs > **liberated**

LIBÉRER
-remettre en liberté > **to release**
-délivrer (*pays, peuple…*) > **to liberate**
-rendre une période disponible > **to free up**
-dégager (*énergie, substance…*) > **to release**
-cesser d'occuper un lieu > **to vacate**

UNE LIBERTÉ
-fait d'être libre > **a freedom**
-temps libre > **freetime**
-absence de contrainte > **a leeway**

LIBREMENT
-sans restriction > **freely**
-en toute liberté > **freely**
-avec franchise > **freely**

UNE LICENCE
-deuxième grade universitaire > **a Bachelor**
-document donnant une autorisation > **a licence**
-débauche > **a licentiousness**
-liberté que prend un écrivain avec les règles de la grammaire et de la syntaxe > **a licence**

(UN) LICENCIÉ
-privé de son emploi > **dismissed**
-titulaire d'une licence universitaire > **Bachelor**
-titulaire d'une licence sportive > **member**

--personne démise de son emploi > **a dismissed**
--titulaire d'une licence universitaire > **a Bachelor**
--titulaire d'une licence sportive > **a member**

UN LICHEN
-végétal > **a lichen**
-maladie dermatologique > **a lichen**

LA LIE
-dépôt qui se forme dans les liquides fermentés > **the dregs**
-rebut de la société > **the dregs**

UN LIEN
-lanière > **a tie**
-rapport, corrélation > **a link**
-renvoi hypertexte > **a link**

UN LIEU
-endroit > **a place**
-colin > **a coley**

UN LIÈVRE
-animal > **a hare**
-athlète pratiquant la course > **a pacemaker**
-(*fig*) problème caché (*soulever un lièvre*) > **a sore point** (*to touch on a sore point*)

UNE / LA LIGNE
-trait > **a line**
-suite de caractères sur une horizontale > **a line**
-contour d'un objet > **a line**
-trait de la paume de la main > **a line**
-règle de vie, orientation > **a line**
-itinéraire régulier desservi par un service de transport > **a service**
-fil à pêche > **a fishing line**
-installation pour le transport d'énergie ou de communication > **a line**
-série de produits (*vêtements...*) > **a line**
-en sport : groupe de joueurs > **a line**
-lignée > **a lineage**

--minceur > **the waistline**

UNE LIME
-outil > **a file**
-mollusque > **a disco clam**
-fruit > **a lime**

UN LIMIER
-chien de chasse > **a bloodhound**
-enquêteur > **a sleuth**

LIMITÉ
-restreint > **limited**
-sans grand moyen intellectuel > **dim**

DU LIN
-plante > **flax**
-fibre textile > **linen**

(UN) LINÉAIRE
-qui a l'aspect continu d'une ligne > **linear**
-relatif à l'écriture syllabique de la Grèce Antique > **linear**
--longueur des gondoles de magasin > **a shelf display**

UNE / DE LA LINGERIE
-lieu où l'on s'occupe du linge > **a linen room**
--vêtements féminins > **women's underwear**

LIQUÉFIER
-faire passer à un état liquide > **to liquefy**
-(*fam*) ôter toute force à qqun > **to exhaust sb**

(UN / DU) LIQUIDE
-contraire de solide > **liquid**
--corps fluide > **a liquid**
---argent en espèce > **cash**

LIQUIDER
-vendre rapidement à bas prix > **to liquidate**
-mettre fin, se débarrasser > **to clear**
-tuer qqun > **to bump sb off**

(LA) LIRE
-déchiffrer un texte > **to read**
--monnaie italienne avant l'euro > **lira**

UNE LISEUSE
-femme qui lit > **a reader**
-marque page > **a book mark**
-couvre livre > **a dust jacket**
-vêtement pour les épaules > **a bed jacket**
-lampe > **a reading light**
-livre électronique > **an e-reader**

UNE LISIÈRE
-bord d'un lieu > **an edge**
-bord d'une pièce de tissu > **a selvedge**

UNE LISTE
-énumération > **a list**
-bande de poils blancs sur le front de certains chevaux > **a star**

UN LIT
-meuble > **a bed**
-couche > **a bed**
-fond d'une rivière > **a bed**

UNE LITIÈRE
-couche des animaux > **a litter**
-matière absorbante pour recueillir les déjections des animaux en particulier des chats > **a (cat) litter**

UN / UNE / LA LIVRE
-ouvrage > **a book**
--demi kilo > **a pound**
---monnaie > **the pound (sterling)**

UNE LIVRÉE
-costume des domestiques masculins > **a livery**
-pelage de certains mammifères, plumage de certains oiseaux > **a coat**

(UN) LOCAL
-particulier à un lieu > **local**
--bâtiment > **a place**

UNE LOGE
-petit local à l'entrée d'un immeuble >
a lodge
-compartiment cloisonné dans une
salle de spectacle > **a box**
-pièce où se préparent les artistes en
particulier au théatre > **a dressing
room**
-anatomie : cavité contenant un
organe > **a cavity**
-association de francs-maçons > **a
lodge**

DU / UN LOLO
-lait en langage enfantin > **milk**
--(*fam*) sein > **a boob**

LONG
-qui s'étend sur une longue distance >
long
-de grande durée > **long**

UNE LONGE
-longue courroie pour attacher un
animal > **a tether**
-en boucherie, morceau de porc > **a
loin**

UNE LONGUEUR
-dimension > **a lenght**
-durée > **a lenght**

UN LOPIN
-petite parcelle de terrain > **a plot of
land**
-masse métalique destinée à être
formée par action mécanique à chaud
> **a slug**

UNE LOQUE
-haillon > **rags**
-(*fam*) personne sans énergie > **a
wreck**

LORGNER
-regarder du coin de l'œil > **to peep**
-convoiter secrètement > **to eye**

UN LOT
-récompense > **a prize**
-ensemble d'articles vendus ensemble
> **a bundle**
-fraction d'un terrain destinée à être
vendue > **a lot**
-destin > **a lot**

LOUABLE
-digne de louanges > **praiseworthy**
-qui peut être pris en location >
rentable

(UNE) LOUCHE
-qui n'a pas une couleur franche >
murky
-suspect > **shady**
--ustensile de cuisine > **a ladle**
--quantité, contenu > **a ladleful**

LOUER
-vanter les mérites > **to praise**
-donner un bail > **to let**
-prendre un bail > **to rent**
-réserver > **to book**

UN LOUP
-animal > **a wolf**
-masque de velours pour les yeux > **a
mask**
-poisson > **a bass**
-(*fig*) personne ambitieuse > **a go-
getter**

UNE LOUPE
-lentille de verre grossissante > **a
magnifying glans**
-kyste du cuir chevelu > **a wen**
-excroissance de tronc d'arbre > **a
burr**
-pierre brute présentant un défaut de
cristalisation > **a flawed stone**

LOURD
-pesant > **heavy**
-difficile à digérer > **indigestible**
-orageux > **muggy**
-se dit d'un sol compact difficile à
labourer > **heavy**

-sérieux, grave > **weighty**
-chargé > **overbearing**
-capiteux > **heavy**
-(*fam*) insistant > **boring**

UNE LOUVE
-femelle du loup > **a she-wolf**
-outil utilisé pour la manutention des pierres de taille > **a lever**

UNE LUEUR
-faible clarté > **a glimmer**
-éclat fugitif du regard > **a glint**
-manifestation passagère et vive > **a glint**

UNE LUMIÈRE
-clarté > **a light**
-médecine : intérieur d'un organe creux > **a lumen**
-personne intelligente > **a bright light**

LUMINEUX
-qui émet ou réfléchit la lumière > **luminous**
-éclairé > **illuminated**
-très clair, évident > **crystal clear**
-intelligent > **brillant**
-radieux > **radiant**

(UNE) LUNAIRE
-qui concerne la lune > **lunar**
-rêveur > **dreamy**
--plante > **an honesty**

UNE LUNETTE
-instrument d'optique > **a telescope**
-ouverture d'une cuvette de wc > **a toilet seat**
-viseur de fusil > **(*pl*) sights**
-pare brise (arrière) d'une voiture > **a (rear) window**
-en architecture, pénétration d'une voûte en berceau > **a lunette**

UN LUSTRE
-luminaire décoratif suspendu au plafond > **a chandelier**
-période de 5 ans > **a lustrum**
-éclat brillant de qqch > **a lustre**
-prestige > **a lustre**

UN LUXE
-faste > **a luxury**
-profusion > **a profusion**
-plaisir superflu > **a luxury**

LYMPHATIQUE
-relatif à la lymphe > **lymphatic**
-nonchalant > **lethargic**

Mm *Mm* 𝔐𝔪

oooooooooooooooooooooooooooooooooooooooooooooooooooooooooooo

UN MACARON
-gâteau > **a macaroon**
-vignette autocollante de pare brise >
a bumper sticker
-natte de cheveu enroulée sur l'oreille
> **a bun**

UN MAÇON
-ouvrier du batiment > **a mason**
-franc-maçon > **a freemason**

UNE / DE LA MACREUSE
-canard > **a scoter (duck)**
--morceau de bœuf > **shoulder of
beef**

UNE MADELEINE
-gâteau > **a madeleine**
-nom commun de divers cépages
précoces donnant du raisin de table >
a madeleine

UN MAGASIN
-établissement de commerce > **a shop**
-lieu de stockage > **a warehouse**
-cavité qui reçoit les cartouches ou le
chargeur dans une arme > **a
magazine**
-dispositif recevant les diapositives
dans un projecteur > **a magazine**

MAGISTRAL
-remarquable, excellent > **masterful**
-préparé par le pharmacien >
compounding
-se dit d'un cours fait par un
conférencier > **lecture ≈**

MAGNÉTISER
-aimanter un matériau > **to magnetize**
-exercer une attraction sur qqun,
hypnotiser > **to mesmerize sb**

UNE MAGNIFICENCE
-splendeur, éclat > **a luxury**
-générosité, prodigalité > **a
munificence**

UN MAGOT
-singe dépourvu de queue > **a barbary
ape**
-figurine représentant un personnage
chinois obèse > **a magot**
-somme d'argent importante volée > **a
loot**
-somme d'argent importante cachée >
a hoard

MAIGRE
-pauvre en graisse > **lean**
-peu abondant > **meagre (UK) /
meager (USA)**
-plus que mince > **thin**

UNE MAILLE
-boucle de fil en tricot > **a stitch**
-boucle de fil dans un filet > **a mesh**
-anneau d'une chaîne > **a link**

UN MAILLET
-gros marteau à deux têtes > **a mallet**
-outils de sculpteur sur bois > **a mallet**
-crosse de croquet ou de polo > **a
mallet**

MAINTENIR
-garder dans une position fixe > **to keep**
-préserver > **to keep**
-affirmer avec force > **to maintain**

UN MAINTIEN
-posture, attitude > **a bearing**
-conservation > **a maintenance**
-soutien, tenue, prise > **a keeping**

(UN) MAÎTRE
-(*adj m*) important, central > **main**
--enseignant en primaire > **a teacher**
--propriétaire masculin d'un animal > **a master**
--expert > **an expert**

(UNE) MAÎTRESSE
-(*adj f*) important, central > **main**
--enseignant en primaire > **a teacher**
--propriétaire feminin d'un animal > **a mistress**
--experte > **an expert**
--amant féminin > **a mistress**
--personne qui s'occupe de sa maison et de ses invités > **a hostess**

UNE MAÎTRISE
-contrôle > **a control**
-domination de soi > **a selfcontrol**
-connaissance, habileté > **a skill**
-diplôme après 4 ans d'enseignement supérieur > **a master's degree**
-ensemble des contremaîtres et des chefs d'équipe > **a supervisory staff**

MAÎTRISER
-contenir par la force (*personne, animal…*) > **to bring under control**
-tenir sous contrôle (*situation, danger, émotion…*) > **to control**
-avoir une bonne connaissance de > **to master**

(UN) MAJEUR
-très important > **major**
-valeur de note en musique > **major**

-qui a atteint l'âge de la majorité > **of age**
--adulte > **an adult**
--doigt > **a middle finger**

(UN) MAJOR
-premier d'une promotion > **the top in one's year**
--officier militaire > **a warrant officer**

UNE MAJORITÉ
-âge légal > **(to be / to come) of age**
-le plus grand nombre > **a majority**
-plus grand nombre de voix obtenues dans une assemblée > **a majority**

UN MAKI
-animal > **a maky**
-boulette de riz > **a maki roll**

(LE / UN) MAL
-(*adv*) pas bien > **badly**
-(*adj*) pas bien > **wrong**
--contraire du bien > **the evil**
---maladie > **a sickness**
---souffrance > **an ache**
---dommage, préjudice > **a harm**

(UN) MALADE
-atteint d'une maladie > **ill**
-un peu dérangé intellectuellement > **mad**
-passionné par > **crazy about**
--personne malade > **a sick person**
--personne passionné par > **a fanatic**
--fou > **a madman**

MALADROIT
-pas adroit > **awkward**
-manquant de diplomatie > **awkward**

UNE MALIGNITÉ
-méchanceté mesquine > **a slyness**
-roublardise > **a craftiness**
-caractère cancéreux d'une tumeur > **a malignancy**

MALIN
-intelligent > **smart**
-roublard > **crafty**
-cancéreux > **malignant**

MALLÉABLE
-se dit d'un métal ou d'une substance
qui se laisse déformer > **malleable**
-influençable > **easily influenced**

MALSAIN
-mauvais pour la santé > **unhealthy**
-pervers > **unwholesome**

UN / UNE / LA MANCHE
-partie par où l'on tient un instrument >
a handle
-personne maladroite (*s'y prendre
comme un manche*) > **a clumsy oaf
(*to make a mess of it*)**
- joystick en aéronautique > **a joystick**
--partie d'un vêtement > **a sleeve**
--partie dans un jeu > **a round**
---mendicité (*faire la manche*) >
begging (*to go begging*)
---mer entre la France et l'Angleterre >
the English Channel

UNE MANCHETTE
-revers d'une chemise > **a cuff**
-coup porté avec l'avant-bras > **a
forearm blow**
-gros titre sur la première page d'un
journal > **a headline**

UN MANCHON
-fourreau de fourrure > **a muff**
-pièce cylindrique servant à relier
l'extrémité de deux tuyaux > **a
connecting sleeve**
-rouleau de feutre sur lequel se
fabrique le papier > **a muff**
-en cuisine, partie de l'aile d'une
volaille (pilon) > **a drumstick**

(UN) MANCHOT
-estropié d'un bras > **one-armed**
--personne estropié d'un bras > **a one-
armed person**

--pingouin > **a penguin**

UN / LE MANDARIN
-canard > **a mandarin duck**
-professeur d'université > **a mandarin**
--forme dialectique du chinois >
Mandarin Chinese

UN MANDAT
-procuration > **a proxy**
-mission d'un élu > **a mandate**
-titre postal pour faire parvenir de
l'argent > **a postal order**
-autorisation d'arrêter pour la police >
a warrant

UNE MANDIBULE
-maxillaire inférieur de l'homme > **a
mandible**
-pièce buccale de certains animaux >
a mandible

UN MANÈGE
-lieu pour exercices d'équitation > **a
school**
-attraction foraine > **a merry-go-round**
-piste d'un cirque > **a ring**
-manigance, comportement sournois >
a game

MANIAQUE
-obsessionnel, pointilleux > **fussy**
-relatif à la psychose maniaco-
dépressive > **manic**

UNE MANIE
-goût excessif > **an obsession**
-habitude > **a habit**
-maladie psychiatrique > **a mania**

UNE MANIFESTATION
-rassemblement collectif pour
protester > **a demonstration**
-témoignage, marque > **an
expression**
-évènement organisé > **an event**

(LA / UNE / UN) MANILLE
-capitale des Philippines > **Manila**
--jeu de carte > **the manille**
---dispositif de marine > **a shackle**
----cigare > **a Manila cigar**
----chapeau > **a Manila hat**

UNE MANIPULATION
-maniement > **a handling**
-manœuvre destinée à tromper > **a manipulation**
-traitement d'ostéopathe > **a manipulation**
-expérience scientifique > **an experiment**

UNE MANNE
-nourriture providentielle > **a manna**
-aubaine > **a godsend**
-exsudat sucré de certains végétaux > **an exudate**
-grand panier > **a wicker basket**
-insecte éphémère > **a mayfly**

UN MANNEQUIN
-forme humaine pour couturière ou pour vitrine > **a dummy**
-personne qui défile pour un défilé de mode > **a model**
-panier pour horticulteur > **a small two endled basket**

UNE / UN MANŒUVRE
-maniement > **a handling**
-action d'un véhicule > **a move**
-mouvement militaire > **an exercise**
-ensemble des moyens employés pour obtenir un résultat > **a manoeuvre**
--ouvrier > **an unskilled worker**

MANQUER
-être en quantité insuffisante (*choses*) > **to be lacking**
-être absent (*personnes*) > **to miss**
-rater > **to fail**
-ne pas rencontrer > **to miss**

UN / LE MANTEAU
-vêtement > **a coat**

-construction qui délimite le foyer d'une cheminée > **a mantelpiece**
--partie entre la croûte et le noyau de la Terre > **the mantle**

(UN) MANUEL
-qui relève du travail des mains > **manual**
--ouvrage didactique > **a handbook**

UN MAQUEREAU
-poisson > **a mackerel**
-(*fam*) proxénète > **a pimp**

MAQUILLER
-mettre en valeur le visage > **to make up**
-modifier pour donner une apparence trompeuse (*voiture…*) > **to doctor**

UN MARABOUT
-guérisseur en Afrique > **a marabout**
-tombeau d'un marabout > **a marabout**
-tente ronde à toit conique > **a marquee-style tent**
-oiseau > **a marabout**

UN MARASME
-ralentissement économique > **a slump**
-dépression > **a listlessness**
-dénutrition grave > **a marasmus**
-champignon > **a scotch bonnet**

UNE MARÂTRE
-belle-mère > **a step mother**
-mauvaise mère > **a crual mother**

(UN) MARBRÉ
-veiné > **marbled**
--gâteau > **a marble cake**

DU MARC
-résidu du raisin que l'on a pressé pour en extraire le jus > **marc**
-résidu de café après infusion > **coffee grounds**
-eau de vie > **marc brandy**

UNE / LA MARCHE
-degré d'escalier > **a step**
-trajet à pied > **a walk**
-fonctionnement d'un mécanisme > **a working**
-musique > **a march**
--activité sportive > **the walking**
--progression (*évènement, histoire…*) > **the course of**

UN MARCHÉ
-lieu public où l'on vend et achète des marchandises > **a market**
-accord > **a deal**

UN MARCHEPIED
-escabeau à deux ou trois marches > **a pair of steps**
-tremplin > **a stepping stone**
-marche d'un véhicule (*train, voiture…*) > **a footboard**

MARCHER
-se déplacer > **to walk**
-fonctionner > **to work**
-aller (*affaires, santé…*) > **to go**
-(*fam*) faire preuve de crédulité > **to swallow**

UNE MARÉE
-mouvement de la mer > **a tide**
-foule considérable en mouvement > **a flood**

UNE MARGE
-bordure dans un cahier > **a margin**
-quantité supplémentaire (*temps…*) > **a margin**
-bénéfice > **a margin**

(UN) MARGINAL
-qui est écrit dans la marge > **marginal**
-secondaire, accessoire > **marginal**
--personne qui vit en marge de la société > **a dropout**

UN MARIAGE
-union > **a marriage**
-cérémonie > **a wedding**
-réunion de plusieurs choses > **a blend**

MARINER
-tremper dans une marinade > **to marinate**
-(*fam*) attendre longtemps > **to wait a long time**

MARNER
-amender un sol pauvre > **to marl**
-(*fam*) travailler dur > **to slog**

UN MAROQUIN
-peau de chèvre tannée > **a morocco**
-portefeuille ministériel > **a minister's portfolio**

UNE MAROTTE
-tête en bois dont se servent les modistes et les coiffeurs > **a dummy head**
-passe-temps > **a hobby**

UNE MARQUE
-empreinte, trace > **a mark**
-jeton utilisé dans certains jeux > **a token**
-preuve, témoignage (*de respect…*) > **a token**
-nom d'enseigne ou de fabricant > **a brand**
-manière de faire qqch > **a hand**

MARQUER
-laisser une trace visible > **to mark**
-noter, inscrire > **to write**
-tatouer du bétail > **to brand**
-manifester > **to show**
-impressionner > **to make a deep impression on**
-réussir un point dans un sport > **to score**
-suivre un joueur (*au basket…*) > **to mark**

UN MARQUEUR
-gros crayon feutre > **a (felt-tip) marker**
-indicateur chimique en médecine > **a marker**
-joueur qui marque des buts > **a scorer**

UNE MARQUISE
-femme d'un marquis > **a marchioness**
-auvent vitré au-dessus d'une porte d'entrée > **a glass canopy**
-auvent d'une tente > **a awning**
-bague > **a marquise ring**
-bergère à deux places > **a marquise chair**
-gâteau au chocolat > **a chocolate marquise**

(UN) MARRON
-couleur > **brown**
-malhonnête > **fake**
-malhonnête pour un médecin > **quack (doctor)**
-dupé > **taken in**
--fruit > **a chestnut**
--coup de poing > **a clout**

UN MARRONNIER
-arbre > **a chestnut tree**
-article de presse sur un évênement qui se reproduit à date fixe > **a seasonal paper**

(UN) MARS
-mois > **March**
-Planète > **Mars**
-Dieu de la guerre > **Mars**
--papillon > **a purple emperor**

(UN / LE) MARTEAU
-(*fam*) fou > **nuts**
--outil > **a hammer**
--heurtoir de table pour maintenir l'attention > **a gavel**
--heurtoir de porte > **a knocker**
--pièce garnie de feutre qui frappe la corde d'un piano > **a hammer**

--sport : objet sphérique qu'on tente de lancer le plus loin possible > **a hammer**
---osselet de l'oreille > **the malleus = the hammer**

MARTELER
-frapper avec un marteau > **to hammer**
-articuler avec force, en détachant les mots > **to enunciate**

MARTIAL
-relatif à la guerre > **martial**
-en médecine : relatif au fer > **iron ≈**

UN MARTINET
-oiseau > **a swift**
-petit fouet > **a cat-o'-nine-tails**

UNE MASCARADE
-défilé de personnes déguisées et masquées > **a masquerade**
-accoutrement ridicule > **a fancy dress**
-comédie, imposture > **a masquerade**

UN MASQUE
-faux visage en carton > **a mask**
-appareil médical pour anesthésie > **an anaesthetic mask**
-produit de beauté > **a mask**
-protection pour la plongée > **a diving mask**
-protection pour les yeux > **a mask**

UN MASSACRE
-tuerie de masse > **a massacre**
-gâchis, ratage > **a mess**

MASSACRER
-tuer sauvagement un grand nombre de personnes ou d'animaux > **to massacre**
-abîmer > **to spoil**
-critiquer fortement > **to slate**
-écraser au jeu > **to slaughter**

UNE MASSE
-quantité de matière > **a mass**
-grand nombre de personnes > **a mass**
-outil > **a sledgehammer**

MASSER
-faire un massage > **to massage**
-disposer en nombre > **to gather together**

(UN) MASSIF
-d'apparence épaisse, lourde > **heavy**
-qui forme un bloc compact (*bois, or…*) > **solid**
-important, sérieux > **massive**
--ensemble d'arbustes ou de fleurs > **a clump**
--ensemble de montagnes > **a massif**

MASTIQUER
-mâcher > **to chew**
-boucher avec du mastic > **to fill in**

MAT
-coup aux échecs > **checkmate**
-contraire de brillant > **matt**
-de teint foncé > **dark skin** ≈
-sourd pour un son > **dull**

MATER
-dompter > **to subdue**
-(*fam*) reluquer > **to ogle**

UNE / LA MATIÈRE
-sorte de tissu > **a fabric**
-matériau > **a material**
-discipline d'enseignement > **a subject**
--en sciences physiques : constituant atomique > **the matter**

MATRAQUER
-frapper à coups de matraque > **to bludgeon**
-critiquer durement > **to slate**
-demander un prix excessif > **to fleece**
-répéter avec insistance > **to brainwash**

UNE MATRONE
-chez les romains, femmes mariée mère de famille > **a matron**
-femme d'âge mûr et d'allure imposante > **a matronly woman**
-(*péj*) femme corpulente aux manières vulgaires > **a stout woman**
-accoucheuse > **a midwife**

UNE MATURITÉ
-état d'un fruit mûr > **a ripeness**
-état de la vie caractérisé par le plein développement de ses capacités physiques > **a maturity**
-réflexion dans le jugement > **a maturity**

(UNE) MAURESQUE
-qui se rapporte aux Maures > **Moorish**
--apéritif à base de pastis et de sirop d'orgeat > **a Moresque aperitif**

(UNE / LA) MÉCANIQUE
-qui concerne le mouvement et ses propriétés > **mechanical**
-qui concerne le moteur > **engine** ≈
-machinal > **mechanical**
--ensemble des pièces d'une machine > **a mechanism**
---science des forces et des mouvements > **mechanics**

MÉCHAMMENT
-de façon méchante > **spitefully**
-(*fam*) extrêmement > **wickedly**

UNE MÈCHE
-touffe de cheveu > **a (hair) strand**
-cordon à l'intérieur d'une bougie pour l'allumer > **a wick**
-gaine de coton pour allumer un explosif > **a fuse**
-en médecine : bande de coton pour drainer > **a dressing**
-outil rotatif en acier pour percer des trous > **a bit**

UN MÉDAILLON
-bijou > **a locket**
-préparation culinaire de forme ronde ou ovale > **a medallion**
-bas-relief > **a medallion**

(UN) MÉDIUM
-d'un registre moyen (*voix, son…*) > **middle register**
--voyant > **a medium**
--liant en peinture > **a binder**

MÉLANGER
-mêler > **to mix**
-confondre > **to mix up**
-mettre en désordre > **to muddle**

UN MÉLANGEUR
-appareil pour mélanger > **a mixer**
-élément de robinetterie > **a mixer tap** (*UK*) / **a mixing faucet** (*USA*)

UN MELON
-fruit > **a melon**
-chapeau rond > **a bowler hat**
-renflement du front chez les dauphins et certains cétacés > **a melon**

UN MEMBRE
-bras ou jambe > **a limb**
-personne faisant partie d'une association > **a member**

UNE / UN MÉMOIRE
-aptitude à se souvenir > **a memory**
-capacité de stockage d'un ordinateur > **a memory**
--exposé en vue d'un examen > **a dissertation**
--relevé des sommes dues à un fournisseur > **a bill**
--acte de procédure > **a memorandum**

UN / LE MÉNAGE
-couple > **a household**
--nettoyage > **the housework**

UNE MÉNAGÈRE
-femme au foyer > **a housewife**
-service de couverts de table dans leur coffret > **a cutlery set**

UN MENDIANT
-personne qui mendie > **a beggar**
-dessert fait de quatre fruits secs > **a mendiant**
-religieux d'un ordre volontairement pauvre qui demande la charité > **a mendicant**

MENER
-entrainer vers > **to lead to**
-être en tête de course > **to lead**
-diriger, commander > **to lead**

UNE MENTION
-indication dans un texte > **a note**
-référence > **a mention**
-appréciation donnée par un jury lors d'un examen > **a distinction**

UNE MENTONNIÈRE
-pièce de casque > **a chinstrap**
-pièce de violon > **a chin rest**

(UN) MENU
-de peu de volume, de peu d'épaisseur > **slim**
-peu important (détail…) > **small**
-haché très fin > **very fine**
--liste de ce qu'on va manger > **a menu**
--repas à prix fixe servi à dans un restaurant > **a menu**
--en informatique, liste des commandes > **a menu**

UN MÉPRIS
-dédain > **a contempt**
-indifférence > **a disregard**

UNE MERCURIALE
-vive remontrance > **a rebuke**
-cours des denrées vendues sur le marché public > **a market price list**
-plante > **a mercury**

UN / LE / DU MERLAN
-poisson > **a whiting**
--(*fam*) coiffeur > **a hairdresser**
---pièce de boucherie > **topside**

UNE / DE LA MESURE
-évaluation d'une grandeur ou d'une quantité > **a measurement**
-disposition prise > **a measure**
--modération > **moderation**

UN / DU MÉTIER
-profession > **a job**
-machine servant à travailler les textiles > **a loom**
--expérience > **experience**

UN MÈTRE
-unité de longueur > **a metre** (*UK*) **/ a meter** (*USA*)
-outil servant à mesurer > **a tape measure**
-rythme de versification > **a metre** (*UK*) **/ a meter** (*USA*)

UNE / LA MÉTROPOLE
-capitale politique ou économique d'une région > **a metropolis**
--pays considéré par rapport à ses colonies > **the mainland**

(UN) MEUBLE
-qui se laboure facilement > **loose**
--objet mobilier > **a piece of furniture**

MEUBLER
-équiper une pièce de meubles > **to furnish**
-remplir un vide > **to fill**

UNE MEULE
-lourd cylindre en pierre d'un moulin > **a millstone**
-cylindre pour aiguiser > **a grindstone**
-grande pièce de fromage cyclindrique > **a cheese wheel**
-tas de foin > **a haystack**
-(*argot*) motocyclette > **a bike**

UN / LE MEUNIER
-personne travaillant au moulin > **a miller**
-poisson > **a miller's thumb**
-martin pêcheur (oiseau) > **a kingfisher**
-blatte > **a cockroach**
-champignon > **an agaric mushroom**
-variété de pinot à grains noirs > **a Pinot Meunier**
--maladie de la laitue > **the powdery mildew**

MEURTRISSURE
-contusion > **a bruise**
-partie d'un fruit endommagé par un choc > **a bruise**

UNE MEZZANINE
-en architecture, niveau intermédiaire > **a mezzanine**
-au théâtre, étage entre le parterre et le balcon > **a mezzanine**

UNE MIE
-partie intérieure du pain > **a bread crumb**
-(*vieilli*) amie > **a sweetheard**

UNE MIGNARDISE
-petite pâtisserie > **a sweet munchies**
-manque de naturel > **a preciousness**
-œillet > **a dianthus plumarius**

(UNE / DE LA) MIGNONNETTE
-mignonne > **cute**
--petite fleur > **a mignonette**
--flacon miniature pour échantillon d'alcool > **a miniature (bottle)**
---petit gravillon > **fine gravel**
---poivre concassé > **cracked peper**

MIJOTER
-faire cuire lentement à petit feu > **to simmer**
-comploter > **to plot**

UN MIKADO
-empereur au Japon > **a Mikado**
-jeu > **a pick-up sticks game**

UN / LE MILIEU
-centre > **a middle**
-environnement géographique et
biologique > **an environment**
-condition sociale > **a background**
-sphère d'activité commune à un
groupe > **a world**
--la pègre > **the underworld**

(UN / LE) MILLE
-nombre > **a thousand**
--unité pour les distances en
navigation > **a nautical mile**
---disque central d'une cible > **the
bull's eye**

UN MILLEFEUILLE
-gâteau > **a Napoleon**
-plante > **a milfoil**

UNE MINE
-apparence > **a look**
-carrière souterraine d'extraction d'un
minerai > **a mine**
-bâton de graphite de crayon > **a lead**
-charge explosive au sol > **a mine**
-source importante de > **a mine of**

UN MINET
-chat > **a pussycat**
-homme à la mode d'allure affectée >
a trendy

(UN) MINEUR
-peu important > **minor**
-qui n'a pas atteint l'âge de la majorité
> **minor**
-qui caractérise une note en musique
> **minor**
--ouvrier qui travaille à la mine > **a
miner**

(UN) MINIME
-très petit > **negligible**
-dérisoire > **negligible**

--jeune sportif > **a junior**

UN MINISTÈRE
-cabinet d'un ministre > **a ministry
(*UK*) / a department (*USA*)**
-bâtiment où est l'administration d'un
ministre > **a ministry (*UK*) / a
department office (*USA*)**
-charge religieuse > **a ministry**

UNE MINORITÉ
-période avant l'âge de la majorité > **a
minority**
-ensemble d'individus en nombre
inférieur dans un groupe > **a minority**
-groupe ayant le moins de voies lors
d'un vote > **a minority**

UNE MISE
-enjeu > **a stake**
-manière de se vêtir > **an appearance**

MISÉRABLE
-indigent > **destitute**
-digne de mépris > **contemptible**
-médiocre > **mediocre**

(UNE) MISÈRE
-misère ! > **oh Lord !**
--état de grande pauvreté > **a
destitution**
--somme dérisoire > **a pittance**
--malheur > **a shame**
--pauvreté par privation (*ex : misère
intellectuelle*) > **a poverty (*ex :
intellectual poverty*)**

UNE / UN MI-TEMPS
-repos entre deux périodes de jeu
dans certains sports > **a half**
--travail à moitié d'un temps complet >
a part time job

MITRAILLER
-tirer des rafales de mitraillettes > **to
machine gun**
-bombarder avec un avion > **to strafe**
-photographier sans s'interrompre > **to
snap away at**

UNE MITRE
-coiffe liturgique > **a mitre**
-chapeau de cheminée > **a chimney cowl**
-mollusque > **an episcopal miter**

UN MITRON
-apprenti boulanger ou pâtissier > **a baker's boy**
-extrémité supérieure d'un conduit de cheminée > **a chimney cowl**

MIXER
-mélanger des sons > **to mix**
-broyer un aliment au mixeur > **to blend**

(UN) MOBILE
-qui peut bouger > **movable**
-motif, motivation > **a motive**
--téléphone portable > **a mobile phone (UK) / a cellphone (USA)**
--construction composée d'éléments articulés, souvent au-dessus des berceaux > **a mobile**

MOBILISER
-appeler les soldats sous les drapeaux > **to mobilise (UK) / to mobilize (USA)**
-faire appel à l'action de quelqu'un > **to mobilise (UK) / to mobilize (USA)**
-mettre en mouvement des articulations > **to move**

UN MOCASSIN
-chaussure basse > **a loafer**
-chaussure des indiens > **a moccasin**
-serpent américain > **a water moccasin**

MOCHE
-laid > **ugly**
-pénible, regrettable > **dreadful**

LA / UNE / UN MODE
-industrie de l'habillement > **the fashion**

--manière passagère d'agir selon l'époque, de s'habiller > **a trend**
--manière, genre > **a mode**
---trait grammatical > **a mood**

(UN) MODÈLE
-parfait > **model**
--ce qui sert de référence > **a model**
--personne posant pour un artiste > **a model**
--mannequin > **a model**
--prototype > **a model**

MODESTE
-humble > **modest**
-modique > **modest**

UNE MODESTIE
-humilité > **a modesty**
-pièce de tissu placée dans l'échancrure d'un haut de vêtement féminin pour atténuer un décolleté trop profond > **a modesty**

LA MOELLE
-osseuse : intérieur des os > **the bone marrow**
-épinière : cordon nerveux vertébral > **the spinal cord**

(UN) MOELLEUX
-doux et agréable au goût ou au toucher > **soft**
--gâteau fondant > **a fondant**
--vin > **a sweet wine**

UNE MOITIÉ
-demi quantité > **a half**
-épouse > **a one's better half**

UN MOKA
-café > **a mocha coffee**
-gâteau > **a mocha cake**

(UNE) MOLAIRE
-relatif à la mole (unité de concentration) > **molar**
--dent > **a molar**

UN / UNE MÔLE
-ouvrage en maçonnerie à l'entrée d'un port > **a breakwater**
-poisson > **an ocean sunfish**
--pathologie de la grossesse > **a molar pregnancy**

(UN) MOLLET
-sorte de cuisson des œufs > **egg that is not quite hard boiled**
--partie de la jambe > **a calf**

UN MOMENT
-temps > **a moment**
-occasion > **a time**
-mesure de force en géométrie > **a (angular) momentum**

UN MONARQUE
-roi > **a monarch**
-papillon > **a monarch butterfly**

LE / UN / DU MONDE
-terre, univers > **the world**
--environnement, milieu > **a world**
---grand nombre de personne > **a lot of people**

UN MONITEUR
-enseignant en particulier sportif > **an instructor**
-animateur pour enfants dans les activités extra-scolaires > **a monitor**
-écran informatique > **a monitor**
-appareil médical d'alarme en cas de troubles, en particulier cardiaques > **a monitor**

UNE / LA / DE LA MONNAIE
-unité monétaire d'un pays > **a currency**
--rendu de paiement en liquide ou appoint > **the change**
---moyen de paiement liquide > **money**

MONOTONE
-monocorde > **monotone**
-qui manque de variété, uniforme > **dull**
-ennuyeux > **dull**

UN / UNE MONOTYPE
-estampe > **a monotype**
-yacht > **a monotype**
--machine d'imprimerie > **a monotype**

(UN) MONSIEUR
-civilité > **mister (Mr)**
-appellation respectueuse > **Sir**
--homme > **a man**

(UN) MONSTRE
-énorme, massif > **massive**
--être effrayant > **a monster**
--personne malformée ou d'une laideur repoussante > **a freak of nature**
--enfant turbulent > **a monster**
--personne cruelle et perverse > **a monster**

MONSTRUEUSEMENT
-horriblement > **monstrously**
-énormément > **monstrously**

UN MONTAGE
-assemblage > **an assembly**
-assemblage d'un film > **an editing**
-trucage > **a fake**
-opération financière > **an arrangement**

UNE MONTAISON
-migration de certains poissons qui quittent l'eau salée pour aller dans les fleuves > **a run**
-montée en graine d'une plante > **a bolting**

(UN) MONTANT
-qui grimpe > **rising**
--élément vertical d'un châssis > **a side**
--côté d'une échelle > **a side**
--somme d'argent > **an amount**

UNE MONTÉE
-pente raide > **a climb**
-ascension > **a climb**
-élévation, augmentation > **a rise**

MONTRER
-faire voir > **to show**
-faire preuve de > **to show**
-prouver, démontrer > **to demonstrate**

UNE MONTURE
-cheval > **a mount**
-support pour verres de lunettes > **a frame**
-fixation de bijou > **a setting**

SE MOQUER
-railler > **to laugh at**
-ne pas tenir compte de > **not to care about**

MORBIDE
-propre à la maladie > **morbid**
-malsain, pervers > **morbid**

UNE MORGUE
-arrogance > **a haughtiness**
-endroit où sont conservés les cadavres > **a morgue**

UN / LE MORPION
-poux du pubis > **a crab**
-(fam) garçon très jeune > **a brat**
--jeu > **noughts and cosses (UK) / tic tac toe (USA)**

UN / LE MORSE
-mammifère > **a walrus**
--code télégraphique > **the Morse code**

MORTEL
-non éternel > **mortal**
-fatal > **fatal**
-(fam) sinistre, très ennuyeux > **deadly**
-(fam) génial > **amazing**

UN / DU MORTIER
-récipient pour broyer les aliments avec un pilon > **a mortar**
-arme lourde > **a mortar**
-bonnet des magistrats ou des diplômés > **a mortar board**
--mélange de sable et de chaux ou de ciment et eau utilisé en maçonnerie > **mortar**

MORTIFIER
-soumettre à des souffrances pour chercher à purifier du pêché > **to mortify**
-humilier > **to mortify**
-en cuisine : faisander > **to tenderize**

UNE MORUE
-poisson > **a cod**
-terme injurieux pour une femme > **a tart**

LA / DE LA MORVE
-maladie du cheval > **glanders**
--écoulement nasal > **snot**

(UN) MORVEUX
-qui a la morve au nez > **snotty (nosed)**
-confus d'une maladresse > **ashamed**
-en médecine vétérinaire : atteint de la morve > **glandered**
--(fam) enfant > **a brat**
--(fam) jeune prétentieux > **an upstart**

(UN) MOTEUR
-action ! sur le tournage d'un film > **action !**
--appareil > **an engine**
--motif déterminant > **a driving force**
--personne qui dirige, instigateur > **an enabler**

UNE MOTIVATION
-motif > **a motivation**
-entrain, stimulation > **a motivation**

MOTIVÉ
-qui a de la motivation > **motivated**
-légitime, justifié > **justified**

MOTIVER
-justifier > **to justify**
-être la cause de > **to be the reason for**
-stimuler > **to motivate**

UNE MOTTE
-morceau de terre compacte qui résiste au labour > **a clod**
-masse de terre autour de racines > **an earth ball**
-masse de beurre > **a lump of butter**

(LE) MOU
-contraire de dur > **soft**
--poumons des animaux en boucherie > **lungs**

UNE MOUCHE
-insecte > **a fly**
-leurre à la pêche > **a fly fishing**
-petite touffe de poils sous la lèvre inférieure > **a tuft of hair**
-grain de beauté en maquillage > **a beauty spot**
-en escrime, bouton placé à la pointe d'un fleuret > **a button**
-point noir au centre d'une cible > **a bull's eye**

MOUCHER
-évacuer le nez > **to blow one's nose**
-éteindre une chandelle > **to snuff (out)**
-(*fam*) remettre à sa place > **to put sb in his place**

MOUILLER
-rendre humide > **to make sth wet**
-jeter l'ancre > **to drop anchor**
-mettre à l'eau, immerger (*surtout en parlant de mine*s) > **to lay**
-compromettre > **to implicate**

-en cuisine, ajouter de l'eau à une préparation > **to water down**
-sécréter du liquide vaginal > **to get wet**

UN / UNE MOULE
-objet présentant une empreinte creuse > **a mould** (*UK*) / **a mold** (*USA*)
-récipient pour cuire les gâteaux > **a mould** (*UK*) / **a mold** (*USA*)
--mollusque > **a mussel**

MOULU
-réduit en poudre > **ground**
-brisé de fatigue > **exhausted**

DU MOURON
-plante > **scarlet pimpernel**
-souci > **worry**

UN MOUSQUETON
-arme à feu > **a carbine**
-boucle en métal > **a karabiner**

(DE LA / UNE / UN) MOUSSE
-émoussé > **blunt**
--matière plastique cellulaire > **foam (rubber)**
--plante > **moss**
---préparation culinaire > **a mousse**
---(*fam*) verre de bière > **a pint**
---couche liquide contenant des bulles d'air > **(a) foam**
----marin > **a ship's boy**

(UN) MOYEN
-intermédiaire, au milieu > **medium**
-qui n'est ni bon ni mauvais > **average**
-se dit de la classe sociale intermédiaire > **middle**
--procédé, ressource > **a way**

UN MUFLE
-extrémité du museau des animaux > **a muzzle**
-goujat > **a boor**

UNE MULE
-pantoufle > **a mule**
-hybride entre un âne et une jument >
a mule
-passeur de drogue > **a mule**
-(fam) personne entêtée > **a mule**

UNE MURAILLE
-mur épais défensif > **a wall**
-surface verticale abrupte > **a wall**
-partie de la coque d'un navire depuis
la flottaison jusqu'au plat bord > **a side**
-partie extérieure du sabot d'un cheval
> **a hoof wall**

(UNE) MÛRE
-(adj *fem*) arrivée à maturité > **ripe**
-(adj *fem*) mature > **mature**
-(adj *fem*) saoule > **drunk**
--fruit de la ronce > **a blackberry**
--fruit du mûrier > **a mulberry**

MÛRIR
-devenir mûr > **to ripen**
-acquérir de la sagesse > **to mature**
-arriver à la peau pour un abcès > **to
ripen**

MUSCLER
-développer les muscles > **to develop
muscles**
-renforcer > **to beef up**

UN / DU MUSEAU
-nez des animaux > **a muzzle**
--préparation de charcuterie > **brawn**

MUSELER
-mettre une muselière > **to muzzle**
-empêcher de s'exprimer > **to muzzle**

UNE MUSETTE
-sac de toile en bandoulière > **a bag**
-musaraigne > **a common shrew**
-instrument de musique à air > **an
accordion**
-pièce instrumentale > **a musette**

UNE MUTATION
-évolution > **a change**
-changement génétique > **a mutation**
-changement d'affectation d'un
employé > **a transfert**
-transmission de la propriété d'un bien
> **a transfert**

(UN) MUTIN
-espiègle > **mischievous**
--personne qui se mutine > **a mutineer**

Nn *N*n *Nn*

ooooooooooooooooooooooooooooooooooooooooooooooooooooooooooooooo

UNE NACELLE
-panier suspendu à une mongolfière >
a basket
-coque suspendue par un bras dans
laquelle prend place une personne
effectuant des travaux > **a basket**
-carénage contenant le groupe
propulseur d'un avion > **a nacelle**
-partie d'un landau > **a carrycot**
-embarcation > **a wherry**

NAGER
-se déplacer à la surface de l'eau > **to
swim**
-flotter > **to swim**
-(*fam*) ne pas comprendre, être perdu
> **to be lost**

UNE NAPPE
-linge dont on recouvre une table > **a
tablecloth**
 vaste étendue d'un liquide > **a layer**

UNE NASSE
-instrument de pêche > **a fish trap**
-mollusque > **a netted dog whelk**

NATIF
-originaire de > **native**
-se dit d'un métal que l'on trouve à
l'état pur dans une roche > **native**

UNE NATTE
-tissu de paille > **a mat**
-tresse de cheveux > **a plait** (*UK*) **/ a
braid** (*USA*)

UN NATURALISTE
-personne qui étudie les plantes, les
minéraux, les animaux > **a naturalist**

-taxidermiste > **a taxidermist**

(LA / UNE) NATURE
-sans ajout pour le café > **black**
-sans ajout > **plain**
-au naturel, sans artifices > **genuine**
--ensemble des êtres vivants > **the
nature**
---caractère > **a nature**
---constitution > **a nature**

(UN) NATUREL
-qui appartient à la nature > **natural**
-conforme à l'ordre normal des choses
> **natural**
-sans affectation dans le
comportement > **natural**
--tempérament > **a nature**

NATURELLEMENT
-bien sûr > **of course**
-simplement > **simply**
-de façon innée > **naturally**

UN NAUFRAGE
-perte d'un bâtiment en mer > **a wreck**
-ruine totale > **a wreck**

NAVAL
-qui concerne la navigation > **nautical**
-relatif aux navires et à la marine de
guerre > **naval**

UN NAVET
-légume > **a turnip**
-œuvre artistique sans valeur > **a dud**

UNE NAVETTE
-véhicule faisant la liaison entre deux
lieux > **a shuttle**

-véhicule spatial > **a space shuttle**
-pièce de machine à coudre > **a shuttle**
-petit gâteau > **a navette biscuit**
-petit récipient qui contient l'encens destiné à être brulé pendant les offices liturgiques > **an incense holder**
-plante > **a rape**

NÉBULEUX
-obscurcit par les nuages > **cloudy**
-confus > **nebulous**

(UN) NÉCESSAIRE
-indispensable > **necessary**
--mallette qui contient divers objets destinés à un usage précis > **a kit**

UN NECTAR
-breuvage divin > **a nectar**
-boisson à base de jus, sucre et eau > **a nectar**
-boisson délicieuse > **a nectar**

UNE NEF
-grand navire > **a vessel**
-partie centrale d'une église > **a nave**

(UN) NÉGATIF
-qui marque le refus, la critique > **negative**
-inférieur à zéro > **below zero**
-(*adv*) non > **negative**
--type de film photographique > **a negative**

UNE NÉGATION
-action de nier, de rejeter > **a denial**
-mot en grammaire > **a negation**

UNE NÉGLIGENCE
-défaut de soin > **a carelessness**
-faute légère résultant d'un manque de vigilance > **a neglect**

NÉGLIGER
-laisser de côté > **to disregard**
-délaisser > **to neglect**

UN NÈGRE
-terme injurieux pour une personne noire > **a negro**
-personne qui travaille anonymement pour qqun d'autre > **a ghost writer**

DU / UN NÉON
-gaz rare > **neon**
--éclairage par tube fluo > **a neon light**
--poisson > **a neon tetra**

(LE) NET
-propre > **clean**
-bien marqué, qui ne prête aucun doute > **clear**
-tout déduit en parlant d'une somme (contaire de brut) > **net**
--internet > **the Net**

NEUF
-chiffre > **nine**
-nouveau > **new**

NÉVRALGIQUE
-douloureux > **neuralgic**
-important, central > **central**

UN / DU NEZ
-partie du visage > **a nose**
-avant d'un avion > **a nose**
-créateur de parfum > **a nose**
--intuition, flair > **flair**

UNE NICHE
-cabane pour chien > **a kennel**
-renfoncement dans un mur > **a niche**
-placement procurant une déduction fiscale > **a niche**

(DU) NICKEL
-(*fam*) impeccable, très propre > **spotless**
-(*fam*) super, génial > **great**
--métal > **nickel**

UN NIVEAU
-hauteur de qqch > **a level of sth**
-valeur, degré atteint dans un domaine
> **a level**
-position dans une hiérarchie > **a level**
-étage > **a floor**
-outil pour vérifier l'horizontalité d'une
surface > **a level**

NOBLE
-qui appartient à la noblesse > **noble**
-qui a de la dignité, de la qualité >
noble
-de qualité supérieure > **high-quality**

UNE NOIRCEUR
-état de ce qui est noir > **a blackness**
-perfidie > **a darkness**

NOMMER
-citer > **to name**
-désigner par un nom, appeler > **to
name**
-choisir pour remplir une fonction > **to
appoint**

UNE NONETTE
-petit pain d'épice > **an iced
gingerbread**
-mésange > **a titmouse**
-jeune religieuse > **a young nun**

UNE NORIA
-roue hydraulique > **a noria**
-série d'aller-retour ininterrompus > **a
toing and froing**

NORMAL
-conforme à la norme habituelle >
normal
-qui ne présente aucune pathologie >
normal

(UN / LE) NORVÉGIEN
-de Norvège > **Norwegian**
--bateau à arrière pointu > **a Viking
longboat**
--habitant de la Norvège > **a
Norwegian**

---langue parlée en Norvège >
Norwegian language

(UN) NOTABLE
-remarquable > **notable**
-significatif, substantiel > **significant**
--personne qui a une situation sociale
de premier plan > **a notable**

UNE NOTATION
-façon de représenter qqch (*notation
algébrique, musicale…*) > **a notation**
-attribution d'une note > **a marking
(*UK*) / a grading (*USA*)**

UNE NOTE
-signe musical > **a note**
-appréciation chiffrée > **a mark (*UK*) /
a grade (*USA*)**
-courte indication écrite de rappel > **a
note**
-brève communication destinée à
informer > **a memo**
-nuance > **a note**
-facture > **a bill**

NOTER
-mettre par écrit > **to note**
-faire ressortir, cocher > **to mark**
-remarquer, constater > **to note**
-évaluer > **to mark (*UK*) / to grade
(*USA*)**

UNE NOURRICE
-femme qui garde des enfants > **a
childminder**
-autrefois, femme qui allaitait des
enfants en bas âge > **a wet nurse**
-réservoir de carburant de secours > **a
spare can**
-réserve d'eau d'où partent plusieurs
tuyauteries d'alimentation d'un
immeuble > **a header tank**

UNE NOUVELLE
-annonce d'un évènement > **a piece
of news**
-bref récit > **a short story**

UN NOYAU
-graine centrale de certains fruits > **a stone**
-partie centrale d'un atome > **a nucleus**
-élément d'une cellule > **a nucleus**
-partie centrale d'une planète > **a core**
-groupe d'individus > **a cell**

(UN / LE) NOYER
-tuer par noyade > **to drown**
-submerger un moteur > **to flood**
-faire disparaitre par un pis aller (ex : *noyer son chagrin dans l'alcool*) > **to drown sth in sth (ex : *to drown one's sorrows in alcohol*)**
--arbre qui donne les noix > **a walnut tree**

---bois de cet arbre > **the walnut**

UN NUMÉRO
-nombre, suite de chiffres > **a number**
-partie d'un spectacle > **an act**
-(*fam*) personnage singulier > **a character**

UNE NYMPHE
-personnage mythologique > **a nymph**
-jeune fille gracieuse et bien faite > **a nymph**
-forme que prennent certains insectes à l'issu de leur développement larvaire > **a nymph**
-chacune des petites lèvres de la vulve > **a labia minora**

Oo Oo Oo

ooooooooooooooooooooooooooooooooooooooooooooooooooooooooooo

(UN) OBJECTIF
-contraire de subjectif > **objective**
--but > **an objective**
--cible > **a target**
--élément d'un appareil d'optique > **a lens**

UNE OBLIGATION
-contrainte > **an obligation**
-titre boursier > **a bond**

OBLIGÉ
-(adv) inévitable, obligatoire > **bound to happen**
-(adj) contraint > **obliged**
-(adj) redevable envers qun > **obliged to sb**

OBSCUR
-mal éclairé, sombre > **dark**
-difficile à comprendre > **obscure**
-méconnu > **obscure**
-indicible > **vague**

UNE OBSERVATION
-action de regarder avec attention > **an observation**
-surveillance médicale d'un malade > **an observation**
-dossier rapportant les résultats cliniques et biologiques d'un malade > **an observation**
-remarque, commentaire > **a comment**
-légère réprimande > **a reproof**

OBSERVER
-examiner attentivement > **to observe**
-constater, noter > **to notice**
-faire une remarque > **to observe**

-se conformer à ce qui est prescrit par la loi > **to observe**
-adopter un comportement > **to observe**

OBTUS
-borné > **obtuse**
-se dit d'un angle supérieur à 90 degrés > **obtuse**

UNE OCCASION
-circonstance > **an occasion**
-opportunité > **an opportunity**
-objet de seconde main > **a second-hand** ≈
-achat avantageux > **a bargain**

UNE OCCLUSION
-crise intestinale > **a bowel obstruction**
-fermeture > **an occlusion**
-position des mâchoires quand on ferme la bouche > **an occlusion**

UNE OCCUPATION
-fait d'occuper un lieu > **an occupation**
-passe-temps > **an activity**

OCCUPER
-remplir un espace > **to fill in**
-habiter > **to live in**
-demander du temps > **to occupy**
-trouver une occupation à > **to occupy**
-rester en masse en un lieu pour manifester un mécontentement > **to occupy**
-envahir > **to occupy**
-exercer (*une fonction*) > **to hold (*a position*)**

UN ŒIL
-organe > **an eye**
-regard > **a look**
-point de vue > **a point of view**
-judas > **a spyhole**
-partie centrale d'un cyclone > **an eye**
-lentille de graisse à la surface d'un bouillon > **the fat**

UN ŒILLET
-plante > **a carnation**
-petite pièce mécanique évidée > **an eyelet**
-anneau en métal ou cuir en couture > **a grommet**
-anneau de papier autocollant pour renforcer les feuilles perforées > **a reinforcement ring**

UN OFFICE
-fonction, charge exercée > **a duty**
-agence (*office du tourisme…*) > **an office**
-messe > **a service**
-pièce attenante à la cuisine > **a pantry**
-envoi périodique de livres venant de paraitre ou réédités par un éditeur aux librairies > **a copy send on sale or return**

(UN) OFFICIER
-procéder à une cérémonie > **to officiate**
--militaire gradé > **an officer**

OFFRIR
-donner un cadeau > **to give**
-faire une proposition > **to offer**
-apporter, procurer > **to have**

UNE OGIVE
-élément d'architecture > **a diagonal rib**
-pièce d'armement > **a warhead**

UN OIGNON
-légume > **an onion**
-bulbe de certaines plantes > **a bulb**

-durillon > **a bunion**
-grosse montre à gousset > **a fob watch**

L' / UNE OMBRE
-endroit sans soleil > **the shade**
--reflet projeté > **a shadow**
--poisson > **a grayling**

L' / UN ONAGRE
-plante > **the evening primrose**
--mammifère > **an onager**
--catapulte utilisée chez les romains > **an onager**

UNE ONCTION
-application d'huile sainte dans le christianisme > **an anointing**
-friction douce de la peau avec une substance grasse > **an unction**
-douceur particulière dans les gestes et la manière de parler > **an unctuousness**

ONDOYANT
-ondulant > **undulating**
-versatile > **changeable**

UN ONGLET
-étiquette qui dépasse > **a thumb index**
-échancrure sur le bord des pages d'un livre pour signaler une section > **a thumb index**
-partie inférieure et rétrécie d'un pétale > **a claw**
-morceau de bœuf > **a prime cut of beef**
-en informatique, outil de sélection > **a tab**

OPAQUE
-qui ne laisse pas passer par la lumière > **opaque**
-sombre > **dark**
-secret > **secretive**

UN OPÉRA
-œuvre dramatique musicale chantée
> **an opera**
-bâtiment > **an opera house**
-gâteau > **an opera cake**

UNE OPÉRATION
-processus > **a process**
-intervention chirurgicale > **a surgery**
-calcul arithmétique > **an operation**
-combat militaire > **an operation**
-transaction financière > **a deal**

UN OPERCULE
-pièce servant de couvercle pour le
conditionnement des aliments > **a lid**
-pièce qui recouvre les branchies des
poissons > **an operculum**
-pièce cornée qui ferme la coquille des
mollusques > **an operculum**

OPÉRER
-pratiquer une intervention chirurgicale
> **to operate on**
-procéder à > **to proceed (with)**

OPPOSÉ
-en direction inverse > **opposite**
-en face > **opposite**
-incompatible > **incompatible**
-hostile > **opposed to**

UNE OPPRESSION
-sensation d'étouffement > **a
suffocation**
-asservissement > **an oppression**

(DE L') OR
-cependant > **but**
--métal > **gold**

(UN) ORAL
-relatif à la bouche > **oral**
-transmis par la parole, contraire
d'écrit > **oral**
--partie d'un examen non écrit > **an
oral examination**

(UNE) ORANGE
-couleur > **orange**
--fruit > **an orange**

(UN) ORATOIRE
-qui concerne l'art de parler en public
> **oratorical**
--chapelle > **an oratory**

UN ORBITE
-cavité de l'oeil > **an eye-socket**
-course décrite par un corps céleste >
an orbit

UN / L' ORCHESTRE
-ensemble instrumental > **a band**
--partie d'une salle de théatre entre les
sièges des spectateurs et la scène >
the orchestra

UNE ORDONNANCE
-prescription médicale > **a
prescription**
-acte législatif émis par le pouvoir
exécutif > **an ordinance**
-militaire mis à la disposition d'un
officier pour son service personnel >
an orderly
-disposition des éléments d'un
ensemble > **a layout**

ORDONNER
-ranger, mettre en ordre > **to put in
order**
-commander, donner un ordre > **to
order to do sth**
-en religion, consacrer par l'ordination
> **to ordain**

UN ORDRE
-injonction > **an order**
-rangement, classement > **an order**

UNE ORDURE
-déchet > **garbage**
-terme injurieux > **a bastard**

UNE OREILLE
-organe > **an ear**
-aptitude à reconnaitre les sons musicaux > **a musical ear**
-partie saillante des pattes d'une ancre > **a wing**
-petite poignée > **a handle**

UNE OREILLETTE
-cavité du cœur > **an auricle**
-écouteur miniaturisé > **an earpiece**

UNE ORGIE
-profusion > **a profusion**
-partie de débauche > **an orgy**

L' / UNE ORIENTATION
-fait de savoir s'orienter > **the sense of direction**
--direction > **a direction**
--conformité à une tendance idéologique > **leanings**
--choix d'une voie d'études > **a study option**
-emplacement par rapport au soleil (*d'une habitation…*) > **an aspect**

(UN) ORIGINAL
-authentique, originel > **original**
-inédit > **new**
-excentrique > **eccentric**
--personne excentrique > **an eccentric**
--document d'origine > **an original**

UNE ORIGINE
-début, commencement > **an origin**
-milieu d'où l'on est issu > **a background**
-provenance > **an origin**

UN OS
-élément du squelette > **a bone**
-(*fam*) difficulté, problème > **a snag**

DE L'OSEILLE
-plante potagère > **sorrel**
-(*fam*) argent > **(slang) dough (= money)**

LES OSSELETS
-petits os de l'oreille > **the ossicles**
-jeu > **jacks**

OTER
-enlever (*vêtement…*) > **to take off**
-retirer > **to remove**
-retrancher, soustraire (*calcul…*) > **to take away**

L' / UNE OUIE
-sens de l'audition > **hearing**
--capacité à entendre > **a hearing**
--branchie > **gills**
--ouverture en forme de S pratiqué dans certains instruments comme les violons > **a sound hole**

UN OURS
-animal > **a bear**
-(*fig*) personne peu sociable > **a boor**

(EN / UNE) OUTRE
-en plus de > **as well as**
-plus loin, au-delà > **further**
--par ailleurs > **furthermore**
---peau de bouc cousue pour servir de gourde > **a goatskin**

OUTRÉ
-exagéré > **exaggerated**
-scandalisé > **outraged**

OUVERT
-contraire de fermé > **open**
-intelligent, intéressé > **open-minded**

UN OUVRAGE
-produit d'un travail > **a work**
-livre > **a book**

OUVRIR
-contraire de fermer > **to open**
-inciser > **to open**
-déplier, déballer > **to open**
-allumer, brancher > **to turn on**
-stimuler (*appétit, curiosité…*) > **to whet**
-commencer, initier > **to open**

-donner accès à un lieu **> to open**

UN OVULE
-gamète **> an ovum**
-galénique intra-vaginale **> a pessary**

Pp Pp Pp

ooooooooooooooooooooooooooooooooooooooooooooooooooooooooo

PACIFIQUE
-paisible > **peaceful**
-de l'Océan Pacifique ou des pays qui le bordent > **Pacific**

UN PACK
-emballage qui réunit plusieurs éléments, pour en faciliter le stockage et le transport > **a pack**
-ensemble des avants d'une équipe de rugby > **a pack**
-dans les régions polaires, ensemble des glaces flottantes arrachées à la banquise par les courants marins et les vents > **a pack ice**

UNE / UN PAGE
-feuille > **a page**
--au Moyen-Âge, jeune noble placé au service d'un seigneur > **a page**

UNE PAILLASSE
-sac de paille servant de matelas > **a straw mattress**
-plan de travail d'un évier > **a draining board**
-plan de travail carrelé d'un laboratoire > **a lab bench**

UNE / DE LA PAILLE
-petit tuyau utilisé pour boire > **a straw**
--tige sèche de blé > **straw**

UN PAIN
-aliment > **a bread**
-en cuisine, préparation culinaire moulée > **a loaf**
-bloc, masse de matière > **a block**
-(*fam*) coup de poing > **a punch**

(UN) PAIR
-multiple de deux > **even**
--personne semblable quant à la dignité, au rang > **a peer**

UN PALAIS
-vaste et somptueuse résidence > **a palace**
-paroi supérieure de la bouche > **a palate**

UNE PALE
-élément en forme d'aile faisant partie d'une hélice > **a blade**
-partie plate d'un aviron qui entre dans l'eau > **a blade**
-partie d'une roue à aube > **a paddle**
-petite vanne d'une retenue d'eau > **a shut-off (valve)**
-linge carré et rigide qui sert à couvrir le calice pendant la messe > **a pall**

UN PALIER
-plateforme entre deux étages > **a landing**
-phase de stabilité dans le cours d'une progression > **a level**

UNE PALME
-nageoire en caoutchouc > **a flipper**
-feuille de palmier > **a palm leaf**
-insigne, décoration > **a palm**

UN PALMIER
-arbre > **a palm tree**
-gâteau sec feuilleté > **a palmier**

PALPER
-examiner avec la main > **to palpate**
-(*fam*) gagner de l'argent > **to earn a lot**

(LE) PALPITANT
-qui palpite > **beating**
-passionnant > **thrilling**
--(*fam*) cœur > **the heart**

UN PANACHE
-ornement de plume > **a plume**
-éclat, brio > **a panache**
-bravoure pleine d'élégance > **a panache**

UNE PANNE
-arrêt de fonctionnement > **a breakdown**
-étoffe comparable au velours mais à poils plus longs > **a panne**
-partie étroite de la tête d'un marteau > **a peen**
-partie plate et tranchante d'un piolet > **a peen**
-pièce horizontale de la charpente d'un toit > **a purlin**
-petit appontement pour bateau > **a landing stage**

UN PANNEAU
-écriteau > **a sign**
-élément plan d'un ouvrage de maçonnerie > **a panel**

PANSER
-mettre un pansement > **to bandage**
-soulager, consoler > **to heal**
-faire la toilette d'un animal domestique, en particulier d'un cheval > **to groom**

UN PANTIN
-figurine > **a jumping jack**
-(fam) personne influençable et versatile > **a puppet**

UN PAON
-oiseau > **a peacock**
-papillon > **a peacock butterfly**

UNE PAPILLOTE
-papier utilisé pour la cuisson (*en papillote*) > **a foil (*in parchment*)**

-papier enveloppant un bonbon > **a wrapper**
-papier enroulé autour du manchon d'un gigot ou d'une côtelette > **a frill**
-morceau de papier qui sert de bigoudi > **a curl paper**
-mèche de cheveu des religieux juifs > **a curl**

UNE PARABOLE
-courbe mathématique > **a parabola**
-récit allégorique > **a parable**
-antenne satellite > **a satellite dish**

PARACHUTER
-larguer d'un avion > **to parachute**
-désigner brutalement qqun pour une nomination > **to parachute**

UNE PARADE
-exhibition pour attirer l'attention sur soi > **a display**
-défilé militaire > **a parade**
-comportement animal de séduction > **a courtship display**
-défense immédiate vis-à-vis d'un coup > **a parry**

PARAÎTRE
-sembler > **to seem**
-se présenter à la vue > **to appear**
-être publié > **to be published**

PARALYSER
-frapper de paralysie > **to paralyse**
-bloquer > **to block**

(UN) PARASITE
-inutile et gênant > **annoying**
--oisif vivant aux dépends des autres et de la société > **a scrounger**
--en biologie, organisme qui vit aux dépends d'un autre > **a parasite**
--en médecine : hôte infectieux > **a parasite**
--bruit gênant, interférence > **an interference**

PARASITER
-vivre aux dépends d'un autre être vivant > **to parasitize**
-vivre aux dépends de qqun > **to mooch sb**
-perturber la réception de signaux > **to interfere with**

UN PARC
-terrain boisé > **a park**
-grand jardin public > **a park**
-enclos pour animaux > **a pen**
-petit enclos pour enfants en bas âge > **a playpen**
-installation littorale pour l'élevage d'animaux marins > **a bed**
-ensemble d'objets (*automobiles...*) > **a stock**

UNE PARENTHÈSE
-signe typographique > **a bracket**
-digression > **a digression**
-intermède > **an interlude**

PARER
-orner, décorer > **to adorn**
-se protéger d'une attaque > **to counter**
-se prémunir contre > **to ward off**
-remédier à > **to take care of**
-en cuisine : apprêter pour la consommation > **to dress**
-en médecine : nettoyer une plaie > **to debrid**

(UN) PARESSEUX
-fainéant > **lazy**
--animal > **a sloth**

(UN / LE) PARFAIT
-sans défaut > **perfect**
--dessert > **a parfait**
---temps de conjugaison > **the perfect**

PARFAITEMENT
-impeccablement > **perfectly**
-absolument > **perfectly**
-en renforcement d'une affirmation > **definitely**

(DU) PARMESAN
-de Parme > **from/of Parma**
--fromage > **parmesan cheese**

UNE / LA PAROLE
-mot > **a word**
-promesse > **a word**
--faculté de parler > **speaking**

PARTAGER
-diviser en part > **to divide**
-avoir en commun > **to share**

UN PARTERRE
-massif de fleur > **a flowerbed**
-rez-de-chaussée d'une salle de spectacle > **an orchestra**
-auditoire > **an audience**

UNE PARTICULE
-très petit élément matériel > **a particle**
-petit mot invariable servant à préciser le sens des mots > **a particle**
-préposition « de » placé devant le nom de famille indiquant la noblesse > **a particle**

(UN) PARTICULIER
-spécifique > **particular**
-pas ordinaire, qui se distingue > **distinctive**
-spécial > **special**
-personnel, contraire de collectif > **private**
-étrange > **odd**
--individu > **a private individual**

UNE PARTIE
-portion > **a part**
-durée de jeu > **a game**
-domaine de compétence > **a field**
-chacune des personnes qui plaident l'une contre l'autre > **a party**

(UN) PARTIEL
-qui concerne une partie d'un tout > **partial**
--examen de fac > **a mid term exam**

(UN) PARTISAN
-de parti pris **> biased**
-d'avis de, en faveur de **> in favour of**
(*UK*) **/ in favor of** (*USA*)
--personne dévoué à une organisation
> a supporter
--combattant **> a partisan**

UNE PARTITION
-division, séparation **> a partition**
-lignes d'écriture de musique **> a
score**

UNE PARURE
-ce qui orne **> a finery**
-ensemble assorti de bijoux **> a
jewellery**
-ensemble assorti de linge **> a set**
-ce qui est enlevé à la viande ou au
poisson avant consommation **> (***pl***)
trimmings**

PARVENIR
-arriver à destination **> to reach**
-réussir à **> to manage to do sth**
-faire fortune, s'élever socialement **>
to succeed in**

UN PASSAGE
-chemin **> a way**
-petite rue **> an alley**
-voie piétonne couverte **> an arcade**
-mouvement **> a passing**
-visite **> a visit**
-trafic **> a traffic**
-fait de passer d'un état à un autre **> a
transition**
-jouer quelques instants sur une scène
> an appearance
-extrait de film **> a scene**
-extrait de livre ou de musique **> a
passage**
-admission en niveau supérieur **> an
admission**
-tapis étroit et long **> a runner**

(UN) PASSAGER
-de brève durée **> brief**
-fréquenté **> busy**
--usager d'un moyen de transport **> a
passenger**

(UN) PASSANT
-fréquenté **> busy**
--personne à pied dans la rue **> a
passer-by**
--bande de tissu en couture **> a loop**

(UN / LE) PASSÉ
-délavé pour une couleur, défraichi **>
faded**
-(adv) après **> after**
--antériorité **> a past**
---mode grammatical **> the past**
----temps écoulé **> the past**

UNE PASSERELLE
-pont réservé aux piétons **> a
footbridge**
-escalier mobile permettant l'accès à
un avion **> a gangway**
-communication, passage **> a link**
-pont sur un bateau **> a bridge**

UN PASSEUR
-conducteur de bateau pour traverser
un cours d'eau **> a ferryman**
-personne qui fait traverser la frontière
clandestinement **> a smuggler**
-en sport, joueur qui fait une passe **> a
passer**

(UN) PASSIF
-qui ne fait que subir **> passive**
-en grammaire, relatif à la voie passive
> passive
--ensemble de dettes **> (***pl***) liabilities**

(UN) PASTEL
-de teinte douce **> pastel**
--crayon **> a pastel**
--dessin **> a pastel**
--plante **> a pastel woad**

UN PASTEUR
-homme qui garde les troupeaux > **a shepherd**
-ministre du culte protestant > **a minister**

UNE PÂTE
-aliment > **a pasta**
-préparation pour tarte > **a pastry**
-préparation pour pain > **a dough**
-préparation de consistance molle à usages divers > **a pulp**

UN PÂTÉ
-charcuterie > **a pâté**
-tache d'encre > **a blot**
-petit tas de sable > **a sand pie**
-bloc de maisons > **a block**

(UN) PATELIN
-mielleux, hypocrite > **hypocritical**
--région, village, pays > **a little place**

UNE PATÈRE
-porte-manteau > **a peg**
-support pour soutenir des rideaux > **a peg**
-plaque fixée au mur ou au plafond pour recevoir un appareil d'éclairage > **a peg**
-coupe à boire évasée et peu profonde > **a patera**
-ornement en forme de rosace > **a patera**

LA / UNE PATIENCE
-qualité de savoir attendre > **patience**
--plante > **a dock**

(UN) PATIENT
-qui sait attendre > **patient**
--malade qui consulte un médecin > **a patient**

UN PATIN
-pièce adapté à un objet pour en permettre le glissement sur un support > **a pad**
-pièce de tissu utilisée pour marcher sur un sol ciré > **a felt pad**
-chaussure de sport > **a skate**
-(*fam*) baiser fait sur la bouche > **a french kiss**

LE / UN PATINAGE
-pratique du patin à glace > **skating**
--rotation sans entrainement des roues motrices d'un véhicule, par manque d'adhérence > **a spinning**
--action de donner à un objet une patine artificielle > **a patination**

UNE / LA PÂTISSERIE
-gâteau > **a cake**
-boutique > **a cake shop**
--action de faire des gâteaux > **pastry making**

UN PATRON
-chef d'entreprise > **a boss**
-saint dont on porte le nom > **a patron saint**
-modèle en papier pour la couture > **a pattern**

UN PATRONAGE
-soutien accordé par un personnage influent > **a patronage**
-protection d'un saint > **a protection**
-œuvre qui veille sur les enfants > **a youth club**

UNE PATTE
-membre inférieur des animaux > **a paw**
-habileté d'un artiste > **a touch**
-accessoire métallique servant à fixer > **a tie**
-languette de cuir servant à fermer un vêtement > **a strap**
-pièce triangulaire de chacun des bras d'une ancre > **a palm**
-cheveux le long de l'oreille > **a sideburn**

UNE / LA PAUME
-intérieur de la main > **a palm**
--jeu sportif > **real tennis**

UN / LE PAVILLON
-maison > **a detached house**
-extrémité évasée d'un instrument de musique > **a bell**
-drapeau sur un bateau > **a flag**
-bâtiment d'hôpital > **a ward**
--partie externe de l'oreille > **an auricle**

UNE PÊCHE
-fruit > **a peach**
-prise après avoir pêché > **a catch**
-(*fam*) coup de poing > **a punch**
-(*fam*) forme, vitalité > **a great form**

(UN) PÊCHER
-capturer des poissons > **to fish**
--arbre qui donne des pêches > **a peach tree**

UN PEIGNE
-instrument à dents pour se coiffer > **a comb**
-instrument à dents pour maintenir les cheveux > **a comb**
-instrument pour corder > **a comb**
-mollusque > **a scallop**
-rangée de poils à l'extrémité de certaines pattes d'arthropodes > **a comb**

PEINDRE
-couvrir de peinture > **to paint**
-décrire > **to depict**

UNE PEINE
-douleur morale, affliction > **a sorrow**
-effort > **a trouble**
-difficulté > **a difficulty**
-sanction de justice > **a sentence**

PEINER
-faire de la peine > **to saden**
-éprouver de la difficulté > **to struggle**

(UN) PÉKINOIS
-de Pékin > **Beijing-based**
--habitant de Pékin > **a man from Beijing**
--petit chien > **a Pekinese**

UNE PELLICULE
-support photo > **a film**
-petite squame de tête (*avoir des pellicules*) > **dandruff** (*to have dandruff*)
-fine couche de matière > **a film**

UNE PELUCHE
-jouet > **a soft toy**
-flocon de poussière > **a piece of fluff**
-bouloche > **a lint**
-étoffe analogue au velours > **plush**

(UN) PENDANT
-concomitamment > **during / for**
-qui pend > **hanging out**
--alter ego > **a counterpart**
--chose semblable > **a matching piece**
--bijou > **a pendant**

PENDRE
-suspendre, accrocher > **to hang (up)**
-retomber mollement > **to hang down**
-exécuter par pendaison > **to hang**

UN / UNE PENDULE
-instrument de radiesthésie > **a pendulum**
--objet qui donne l'heure > **a clock**

UNE PENNE
-pâte alimentaire > **a penne pasta**
-longue plume de queue ou d'aile des oiseaux > **a quill**
-chacun des éléments en plume de l'empennage d'une flèche > **a quill**

UNE PENSÉE
-plante ornementale > **a pansy**
-idée > **an idea**
-idéologie > **a thought**
-esprit > **a mind**

-maxime > **a thought**

UNE PENSION
-somme allouée > **a pension**
-façon d'être logé et nourri > **a board and lodging**
-établissement hôtelier > **a boarding house**
-établissement d'enseignement où l'on peut être interne > **a boarding school**

UN PENSIONNAIRE
-personne qui est logé et nourri moyennant pension dans un hôtel > **a guest**
-élève interne > **a boarder**

UN PÉPIN
-graine située à l'intérieur d'un fruit > **a pip**
-(*fam*) ennui, accident > **a snag**
-(*fam*) parapluie > **a brolly**

UNE PERCEPTION
-faculté des sens > **a perception**
-recouvrement des impôts > **a collection**
-hôtel des impôts > **a tax office**

PERCER
-faire un trou avec une perceuse > **to drill**
-faire un trou avec un objet fin > **to pierce**
-accéder à la notoriété > **to become famous**
-découvrir, résoudre > **to see through**

PERCEVOIR
-saisir par les sens > **to perceive**
-récolter les impôts > **to collect**
-toucher de l'argent > **to receive**

UNE PERCHE
-poisson > **a perch**
-pièce longue et mince de section ronde > **a pole**
-instrument en sport > **a pole**

PERCUTER
-heurter > **to crash into**
-(*fam*) comprendre > **to get it**

PERDRE
-cesser de posséder > **to lose**
-égarer > **to lose**
-ne pas gagner au jeu > **to lose**

UNE PERLE
-concrétion de nacre dans une huître > **a pearl**
-petite boule percée pour faire des colliers > **a bead**
-personne ou chose remarquable, sans défaut > **a gem**
-insecte > **a perla (stonefly)**
-goutte > **a drop**
-(*fam*) erreur grossière, ridicule > **a howler**

UNE PERMANENCE
-persistance > **a permanence**
-salle d'un collège > **a study room**
-lieu où est le service chargé d'assurer le fonctionnement d'une administration > **a duty office**
-période de veille, de service > **a duty**

(UN) PERMANENT
-constant > **constant**
--membre rémunéré par une organisation politique ou syndicale > **a permanent employee**

UNE PERMISSION
-autorisation > **a permission**
-congé pour un militaire (*être en permission*) > **a leave (*to be on leave*)**

UN PERROQUET
-oiseau > **a parrot**
-boisson faite de pastis et de sirop de menthe > **pastis and mint cocktail**

(UN) PERSAN
-de Perse > **Persian**
--chat > **a Persian cat**

PERSILLÉ
-qualité de fromage bleu > **veined**
-qualité de viande avec filaments de graisse > **marbled**
-accompagné de persil haché > **sprinkled with chopped parsley**

UNE PERSONNALITÉ
-caractère d'un individu > **a personality**
-personne connue > **a personality**

(UNE) PERSONNE
-absence d'un quelconque être humain > **nobody**
--quiconque > **anybody**
--être humain > **a human being**
--sujet en grammaire > **a person**

(UN) PERSONNEL
-propre à qqun, intime > **private**
-égoïste > **selfish**
-caractéristique grammaticale (*pronom…*) > **personal**
--ensemble des employés d'une entreprise > **a staff**

UNE PERSPECTIVE
-règle pour représenter les volumes sur un dessin > **a perspective**
-paysage > **a view**
-éventualité > **a prospect**
-point de vue > **a point of view**

UNE PERTURBATION
-dérangement, dérèglement dans un fonctionnement > **a disruption**
-bouleversement > **a trouble**
-phénomène météorologique > **an atmospheric disturbance**

(UNE) PERVENCHE
-couleur bleu clair > **periwinkle**
--fleur > **a periwinkle**
--(*fam*) contractuelle > **a lady traffic warden**

PESANT
-lourd > **heavy**

-pénible à supporter moralement > **burdensome**
-trop orné, trop chargé > **heavy**

LA / UNE PESANTEUR
-force liée à la gravité > **the gravity**
--sensation de lourdeur > **a heaviness**
--inertie > **a ponderousness**
--manque de finesse, balourdise > **a ponderousness**

PESER
-quantifier le poids > **to weigh**
-influencer > **to influence**
-ennuyer > **to bother**
-examiner attentivement > **to weigh (up)**
-valoir > **to be worth**

LA / UNE PESTE
-maladie infectieuse > **the plague**
--personne méchante > **a pest**

UN PÉTARD
-pièce de feu d'artifice > **a firecracker**
-cigarette de marijuana > **a joint**
-(*fam*) pistolet > **a gun**
-(*fam*) fesses > **a backside**

PÉTER
-évacuer un gaz > **to fart**
-(*fam*) casser > **to break**

PÉTILLER
-dégager des bulles > **to fizz**
-brûler d'un vif éclat > **to sparkle**

UNE PETITESSE
-état de ce qui est petit > **a smallness**
-mesquinerie > **a meanness**

UN PETIT GRIS
-escargot > **a garden snail**
-écureuil > **a Siberian grey squirrel**

UN PÉTRIN
-appareil où est mélangée la pâte à pain > **a kneading machine**
-(*fam*) situation ennuyeuse > **a mess**

(UN) PÉTROLIER
-relatif au pétrole > **oil** ≈
--navire citerne > **an oil tanker**

UNE PHALANGE
-partie de doigt > **a phalanx**
-groupement militaire ou paramilitaire
> **a phalanx**

(UN) PHARE
-le plus important d'une catégorie >
flagship ≈
--tour élevée éclairée pour guider les
bateaux > **a lighthouse**
--éclairage d'une voiture > **a headlight**

LA / UNE PHARMACIE
-science des médicaments > **the
pharmacy**
--boutique > **a chemist's shop** (*UK*) /
a drugstore (*USA*)

UN PHÉNOMÈNE
-fait, évènement > **a phenomenon**
-être humain ou animal exhibé au
public pour une particularité > **a
phenomenon**
-individu original, excentrique > **a
character**

UN PHYLACTÈRE
-chacun des deux petits étuis où sont
écrits des versets de la Torah > **a
phylactery**
-bulle de BD > **a bubble**

(LA / UN) PHYSIQUE
-contraire de psychologique >
physical
--science > **the physics**
---aspect d'une personne > **an
appearance**

UN PIC
-oiseau > **a woodpecker**
-sorte de pioche > **a pickaxe**
-montagne isolée > **a peak**
-maximum d'intensité atteint par un
phénomène > **a peak**

UNE PIÈCE
-division de l'espace dans une
habitation > **a room**
-monnaie > **a coin**
-représentation théâtrale > **a play**
-morceau > **a piece**
-élément isolé > **an item**
-pion dans un jeu de société > **a piece**
-morceau de tissu pour le
raccommodage > **a patch**

UN PIED
-partie d'anatomie > **a foot**
-partie d'un objet servant de support >
a leg
-arbre ou plante en tant qu'unité > **a
plant**
-mesure de longueur > **a foot**
-unité de versification > **a foot**

PIÉTINER
-effectuer des petits pas > **to stamp**
-ne faire aucun progrès > **to get
nowhere**

UN PIEU
-poteau > **a stake**
-(*fam*) lit > **a bed**

UNE PIGE
-tige graduée > **a measuring stick**
-article écrit par un journaliste payé au
nombre de lignes > **a freelance work**
-(*fam*) année > **a year**

UN PIGEON
-oiseau > **a pigeon**
-(*fam*) personne naïve qui s'est fait
duper > **a sucker**
-poignée de plâtre gâchée > **a handful
of plaster**

UN PIGNON
-graine de pin > **a pine kernel**
-mollusque > **a donax trunculus**
-roue dentée d'un engrenage > **a gear**
-partie supérieure d'un mur de
bâtiment > **a gable**

-face latérale d'un bâtiment, en général sans ouverture > **a gable wall**

(UNE) PILE
-contraire de face (*pile ou face*) > **tails (*heads or tails*)**
-(*adv*) très exactement > **exactly**
--amas d'objets placés les uns sur les autres > **a pile**
--petite batterie > **a battery**

PILER
-écraser, réduire en poudre > **to crush**
-freiner brutalement > **to slam on the brakes**

UN PILIER
-colonne, support > **a pillar**
-joueur au rugby > **a prop (foward)**
-fondement, pivot > **a pillar**
-personne importante dans une action > **a mainstay**
-habitué d'un lieu > **a regular**

UN PILON
-instrument pour broyer > **a pestle**
-partie inférieure d'une cuisse de volaille > **a drumstick**
-jambe de bois > **a wooden leg**

(UN) PILOTE
-inaugural, testeur > **pilot** ≈
--conducteur automobile > **a driver**
--conducteur en aéronautique > **a pilot**
--poisson > **a pilot fish**
--prototype d'un journal ou d'une émission > **a pilot**
--programme informatique > **a driver**

PIMENTER
-rajouter du piment dans un plat > **to spice**
-rendre plus excitant > **to add spice to**

UNE PINCE
-outil > **(a pair of) pliers**
-appendice de certains crustacés > **a pincer**
-pli en couture > **a dart**

-(*fam*) main > **a paw**

PIOCHER
-creuser avec une pioche > **to dig up**
-au jeu, prendre une carte > **to take from the pile**
-prendre de-ci de-là > **to pick up**
-se servir dans ses économies > **to dip into**

UN PION
-chacune des petites pièces d'un jeu de société > **a piece**
-pièce au jeu d'échec > **a pawn**
-surveillant au collège ou lycée > **a supervisor**
-en physique, particule fondamentale > **a pion**
-(fam) personne manipulée > **a pawn**

(UNE) PIQUE
-une des quatre couleurs du jeu de carte > **spades**
--remarque désagréable > **a cutting remark**
--arme ancienne > **a pike**

PIQUER
-enfoncer par la pointe > **to stick**
-planter un dard pour un animal, ou un piquant pour une plante > **to sting**
-être pimenté pour un aliment > **to be hot**
-(*fam*) voler > **to pinch**

UN / LE / AU PIQUET
-petit pieu > **a post**
-groupe de grévistes > **a picket**
--jeu de carte > **the piquet**
---punition d'élève > **in the corner**

(UN) PIS
-pire > **worse**
--mamelle de vache > **an udder**

UNE PISTE
-trace laissée par un animal > **a track**
-indice > **a lead**
-sentier > **a path**

-terrain spécial pour athlétisme > **a track**
-zone où se déroule le spectacle au cirque > **a ring**
-endroit pour danser > **a dancefloor**
-route où atterrissent les avions > **a runway**
-chemin de descente de ski > **a slope**

UN / DU PISTON
-disque dans un cylindre > **a piston**
-mécanisme de certains instruments de musique > **a valve**
-(*fam*) appui donné à qqun, favoritisme > **string-pulling**

UNE PLACE
-espace occupé par un objet > **a room**
-lieu de rangement > **a place**
-espace public > **a square**
-emplacement assis > **a seat**
-rang obtenu dans un classement > **a placing**
-emplacement (*pour garer une voiture…*) > **a place**
-emploi > **a job**

UN PLACEMENT
-investissement > **an investment**
-action de procurer un emploi à qqun > **a placement**
-affectation sur décision judiciaire > **a placing**
-position (*en sport…*) > **a position**

UN PLAFOND
-paroi supérieure interne d'une pièce > **a ceiling**
-limite supérieure d'une valeur > **a ceiling**

UNE PLAGE
-étendue de sable en bord de mer > **a beach**
-laps de temps > **a slot**
-écart > **a range**
-morceau enregistré > **a track**

UNE PLAINTE
-gémissement provoqué par une douleur > **a moan**
-doléance > **a complaint**
-dénonciation en justice > **a complaint**

(UN) PLAN
-plat, uni > **flat**
--représentation graphique en géométrie > **a plane**
--carte routière > **a map**
--dessin (*architecture…*) > **a plan**
--projet élaboré avant une réalisation > **a plan**
--prise de cinéma, façon de cadrer > **a shot**
--organisation des parties d'un exposé > **a plan**

UNE PLANCHE
-morceau de bois > **a board**
-illustration (*dans un livre, BD…*) > **a plate**

(UN) PLANCHER
-minimum > **minimum**
-(*fam*) travailler sur > **to work on sth**
-(*fam*) être interrogé à un examen > **to have a test**
--sol > **a floor**
--limite basse > **a minimum level**

PLANER
-voler dans l'air sans moteur > **to glide**
-(*fam*) ne pas avoir le sens des réalités > **to have one's head in the clouds**
-(*fam*) rêver > **to dream**
-(*fam*) être drogué > **to be high**
-flotter (*pour un danger, un soupçon…*) > **to hang over**

PLANTER
-mettre une plante en terre > **to plant**
-enfoncer > **to stick**
-en informatique, tomber en panne > **to crash**
-(*fam*) quitter brusquement, abandonner > **to dump**

UNE PLAQUE
-panneau d'une matière quelconque relativement peu épais **> a plate**
-couche de qqch (*verglas…*) **> a patch**
-pièce de métal portant une indication **> a plaque**
-foyer d'un appareil de cuisson électrique **> a hob**
-insigne de policier **> a badge**
-dépôt dentaire **> a plaque**
-tache cutanée **> a blotch**

PLAQUER
-appliquer fortement contre qqch **> to press against sth**
-rendre plat et lisse (*cheveux…*) **> to flatten**
-renverser au rugby **> to tackle**
-recouvrir de métal précieux (*bijou…*) **> to plate**
-en menuiserie, recouvrir d'un placage **> to veneer**
-(*fam*) rompre une relation amoureuse avec qqun **> to ditch sb**

UNE PLAQUETTE
-petite plaque rectangulaire le plus souvent alimentaire (*beurre, chocolat…*) **> a bar / a pack**
-conditionnement de médicament **> a blister pack**
-élément de mécanisme de freinage **> a brake pad**
-brochure **> a leaflet**
-élément sanguin **> a platelet**

(LA / UNE / DU) PLASTIQUE
-malléable **> plastic**
-relatif aux formes et aux volumes **> plastic**
-relatif à la chirurgie esthétique **> plastic**
--art de sculpter **> plastic arts**
---belle silhouette **> a physique**
----matière **> plastic**
----explosif **> plastic explosive**

UN PLASTRON
-devant d'un corsage **> a shirtfront**

-protection de sport **> a breast plate**
-partie ventrale de la carapace des tortues **> a plastron**

(UN) PLAT
-sans relief **> flat**
-morne **> boring**
--récipient **> a dish**
--élément d'un menu **> a course**

UN PLATEAU
-support plat et rigide qui sert à transporter des objets **> a tray**
-partie d'une balance **> a pan**
-étendue plane de terrain **> a plateau**
-stagnation sur une courbe **> a plateau**
-décor d'émission audiovisuelle **> a set**
-support du disque sur un tourne disque **> a turntable**
-roue dentée d'une bicyclette **> a crankset**

UNE / DE LA PLATINE
-lecteur de disque **> a turntable**
--métal précieux **> platinum**

DU / UN PLÂTRE
-poudre blanche pour matériau **> plaster**
--contention **> a plaster cast**
--sculpture **> a plaster statue**

UN PLI
-pliure **> a fold**
-lettre **> a letter**
-série de cartes **> a trick**
-habitude **> a habit**
-chacune des couches de bois d'un panneau de contreplaqué **> a ply**

DU / UN PLOMB
-métal **> lead**
--fusible **> a fuse**
--cartouche de fusil **> a lead shot**
--caractère d'imprimerie **> a type**
--matériel de pêche **> a sinker**

UN PLONGEUR
-personne qui pratique la plongée sous-marine > **a diver**
-personne qui fait un plongeon > **a diver**
-personne qui lave la vaisselle dans un restaurant > **a dishwasher**

PLUMER
-arracher les plumes > **to pluck**
-(*fig*) voler tout l'argent de qqun, dépouiller > **to fleece**

UNE POCHETTE
-sachet > **a pocket**
-sac à main sans poignée > **a clutch bag**
-étui de disque > **a sleeve**
-mouchoir fantaisie dans la poche supérieure d'une veste > **a pocket handkerchief**

UN / UNE POÊLE
-appareil de chauffage > **a stove**
--ustensile de cuisine > **a pan**

UN POIDS
-masse > **a weight**
-morceau de métal de masse déterminée > **a wcight**
-en sport, sphère lourde lancée > **a shot**
-sensation de lourdeur > **a heavy feeling**
-qqch de pénible > **a weight**
-importance, influence > **an influence**

UNE POIGNÉE
-partie d'un objet par où on le saisit > **a handle**
-contenu > **a handful**

(UN) POINT
-(*adv*) pas > **not**
--signe de ponctuation > **a dot**
--unité de comptage > **a point**
--élément de géométrie > **a point**
--maille (*en couture, tricot…*) > **a stitch**

--endroit, position > **a place**
--douleur > **a stabbing pain**

POINTER
-contrôler les heures d'arriver et de sortie > **to clock in / out**
-être dressé, dépasser > **to prick up**
-montrer du doigt > **to point out**
-diriger une arme, un doigt > **to point at**
-tirer à la pétanque > **to point**
-cocher une liste > **to tick**

UNE POINTURE
-taille des chaussures > **a size**
-(*fam*) personne de grande valeur dans son domaine > **a big name**

UNE / DE LA POIRE
-fruit > **a pear**
-digestif > **a pear brandy**
-(*fam*) face, figure > **a mug**
-(fam) personne qui se laisse facilement duper > **a sucker**
--morceau de viande de bœuf > **round of beef**

(UNE) POLAIRE
-relatif à un pôle > **polar**
-intense en parlant du froid > **arctic (cold)**
--vêtement > **a polar fleece (jaket)**

POLI
-dont la surface est lisse > **polished**
-respectueux > **polite**

LA / UNE POLICE
-forces de l'ordre > **the police**
--forme d'écriture en typographie > **a typeface**
--contrat d'assurance > **an insurance policy**

UNE POMME
-fruit > **an apple**
-(*fam*) tête > **a mug**
-(*fam*) individu crédule > **a sucker**

UNE POMPE
-appareil pour aspirer, refouler ou comprimer des fluides > **a pump**
-mouvement de gymnastique > **a push-up**
-apparat > **a pomp**
-(*fam*) chaussure > **a shoe**

UN PONCIF
-lieu commun > **a cliché**
-dessin dont les lignes et les contours sont piqués de trous > **a pouncing pattern**

UN PONT
-ouvrage architectural > **a bridge**
-niveau sur un bateau > **a deck**
-jours ouvrables chômés au milieu de jours fériés > **a long week-end**
-ascenseur à voiture dans un garage > **a ramp**
-figure acrobatique > **a back bridge**

UNE / UN PONTE
-action de pondre > **a laying**
-quantité d'œufs pondus > **an egg-laying**
--personne influente et reconnue dans son domaine > **a bigwig**

POPULAIRE
-qui concerne le peuple > **popular**
-connu et aimé de tous > **popular**
-caractéristique de niveau de langage > **informal**

UNE PORCHERIE
-lieu où l'on élève des porcs > **a pigsty**
-(*fam*) lieu sale et en désordre > **a pigsty**

UN PORT
-abri naturel ou artificiel pour les navires > **a harbour**
-abri, refuge > **a haven**
-interface USB > **a port**
-maintien, manière de se tenir > **a bearing**
-action de porter sur soi > **a wearing**
-action de porter, de soulever > **a carrying**
-prix d'une livraison > **a postage**

(UN) PORTABLE
-portatif > **portable**
-se dit d'un vêtement que l'on peut porter > **wearable**
--téléphone > **a mobile**
--ordinateur > **a notebook**

UN PORTAIL
-porte principale > **a gate**
-page d'accueil d'un site internet > **a homepage**

(UNE) PORTE
-qui se raporte à un système de vascularisation comme le foie > **portal**
--ouverture > **a door**
--passage balisé au ski > **a gate**
--portail à l'aéroport > **a gate**

UNE PORTÉE
-distance la plus grande à laquelle une arme peut lancer un projectile > **a range**
-efficacité, impact d'une action > **an impact**
-lignes d'écriture de musique > **a staff**
-ensemble des petits d'une femelle mis bas en une fois > **a litter**

UN PORTEFEUILLE
-étui pour les papiers et l'argent > **a wallet**
-charge d'un ministre > **a portfolio**
-ensemble de titres boursiers > **a portfolio**

(UNE) PORTIÈRE
-se dit d'une femelle en âge d'avoir des petits > **litter-bearing**
--porte d'une voiture > **a door**
--tenture destinée à masquer une porte > **a door curtain**

UNE POSITION
-situation dans l'espace > **a position**
-situation sociale > **a position**
-opinion > **a position**

POSSÉDER
-avoir > **to have**
-maitriser une connaissance > **to have a knowledge of**
-parler couramment > **to be fluent**
-duper > **to con**

POSSESSIF
-qui marque la possession > **possessive**
-abusivement exclusif > **possessive**

UN / UNE / LA POSTE
-emploi professionnel > **a post**
-endroit où est placé un militaire > **a post**
-appareil de télévision, de radio > **a TV set, a radio**
-ligne téléphonique dans un standard > **an extention**
-élément d'un budget > **an item**
--bureau de poste > **a post office**
---service postal > **the post**
---entreprise qui gère l'acheminement du courrier > **the Royal Mail** (*UK*) / **the US postal service** (*USA*)

POSTULER
-demander un emploi > **to apply for**
-poser comme postulat au départ d'une démonstration > **to posit**

UN POT
-contenant > **a pot**
-petite fête > **a do**
-siège pour que les petits enfants fassent leurs besoins > **a potty**
-tuyau d'évacuation de fumée du moteur d'un véhicule > **an exhaust pipe**
-au jeu, montant des enjeux > **a pot**
-(*fam*) chance > **a luck**

POTABLE
-qui peut être bu sans danger > **drinkable**
-qui convient à peu près, passable > **passable**

(UN) POTENTIEL
-possible > **potential**
--ressources possibles > **a potential**
--mesure électrique > **a potential**

UN / DU POTIN
-commérage > **a gossip**
--vacarme, bruit > **racket**

(UN) POUCE
-exprime un arrêt dans un jeu > **time out!**
--doigt de la main > **a thumb**
--gros orteil > **a big toe**
--unité de mesure > **an inch**

UNE POULE
-femelle du coq > **a hen**
-épreuve sportive > **a pool**

UN POULET
-petit de la poule et du coq > **a chicken**
-(*fam*) policier > **a cop**
-billet galant > **a love letter**

UNE POUPÉE
-jouet > **a doll**
-pansement entourant un doigt > **a finger bandage**

UNE POURSUITE
-course pour rattraper > **a chase**
-prolongation > **a continuation**
-recherche d'un but ou d'un idéal > **a pursuit**

(UN) POUVOIR
-être capable de > **to be able to**
-avoir le droit > **to can**
--capacité > **a power**
--autorité, puissance > **a power**
--procuration > **a proxy**

PRATICABLE
-où l'on peut circuler > **passable**
-réalisable > **praticable**

UN PRATIQUANT
-qui observe les usages de sa religion
> **a churchgoer**
-qui pratique habituellement un sport >
a player

(UNE) PRATIQUE
-commode > **convenient**
-contraire de théorique > **practical**
--exercice d'un métier > **a practice**
--expérience, contraire de théorie > **an
experience**
--façon d'agir habituelle > **a habit**

PRATIQUEMENT
-en réalité > **actually**
-quasiment > **practically**

PRÉCIEUX
-de grande valeur > **precious**
-très utile > **precious**
-affecté, maniéré > **precious**

UNE PRÉCIPITATION
-hâte excessive > **a haste**
-processus chimique > **a precipitation**

PRÉCIPITER
-faire tomber d'un lieu élevé > **to
throw**
-entrainer dans une situation funeste >
to plunge into
-former un nouveau corps en chimie >
to precipitate
-hâter le rythme de > **to hasten**
-faire qqch plus tôt que prévu > **to
hasten**

(UN) PRÉCIS
-qui ne laisse place à aucune
incertitude > **accurate**
--ouvrage qui expose brièvement
l'essentiel d'une matière > **a
handbook**

PRÉCISÉMENT
-exactement > **exactly**
-avec précision > **precisely**

(UNE / LA) PREMIÈRE
-(*adj fem*) qui n'a pas de précédent >
first
--représentation inaugurale d'un
spectacle > **a premiere**
--employée principale d'un atelier de
couture > **a head seamstress**
--dans une chaussure, mince semelle
de cuir en contact avec le pied > **an
insole**
--exploit inaugural > **a first**
---classe entre la seconde et la
terminale > **the lower sixth form** (*UK*)
/ the eleventh grade (*USA*)
---vitesse la plus démultipliée d'un
véhicule > **the first (gear)**
---classe la plus chère dans certains
transports en commun > **the first
class**

UNE PRÉPARATION
-action de préparer > **a preparation**
-chose préparée > **a preparation**
-mélange pharmaceutique > **a
preparation**

UNE PRESCRIPTION
-instruction > **an instruction**
-ordonnance médicale > **a
prescription**
-délai judiciaire > **a statute of
limitations**

(UN / LE) PRÉSENT
-contraire d'absent > **present**
-pour répondre à un appel > **present!**
--cadeau > **a gift**
---époque actuelle > **the present**
---temps de conjugaison > **the present**

UNE PRÉSOMPTION
-supposition > **a presumption**
-prétention, suffisance > **a
presumption**

UNE / LA PRESSE
-machine pour presser > **a press**
--ensemble des médias d'information > **the press**

PRESSÉ
-dont le jus a été extrait > **squeezed**
-qui se hâte > **in a hurry**
-urgent > **urgent**

PRESSER
-comprimer de manière à extraire un liquide > **to squeeze**
-appuyer sur > **to press on**
-demander avec insistance > **to press sb to do sth**
-accélérer le rythme > **to speed up**

UNE PRESSION
-action de pousser > **a pressure**
-force exercée sur une surface > **a pressure**
-influence exercée sur qqun > **a pressure on sb**
-bouton > **a snap fastener**
-bière > **a draught beer**

(UN) PRÊT
-dont la préparation est terminée > **ready**
-décidé à > **willing to**
--action de confier temporairement > **a loan**
--chose prêtée > **a loan**
--crédit > **a loan**

UNE PRÉTENTION
-fatuité > **a conceitedness**
-ambition > **an aim**
-exigence > **a claim**

PRÉVENIR
-avertir > **to warn**
-empêcher > **to prevent**
-anticiper > **to anticipate**

UNE PRÉVENTION
-ensemble des mesures prises pour prévenir un danger > **a prevention**

-opinion défavorable, partialité > **a prejudice**

PRIER
-s'adresser à dieu par la prière > **to pray to**
-demander en insistant > **to beg to do**

(UNE) PRIMAIRE
-se dit du premier degré d'enseignement > **primary**
-se dit des couleurs fondamentales > **primary**
-simpliste > **simple (minded)**
--désignation par les électeurs avant une élection > **a primary**

(UNE) PRIME
-premier > **first**
-signe en forme d'apostrophe > **prime**
--cotisation d'un assuré > **a premium**
--somme versée en récompense > **a bonus**
--allocation > **an allowance**

(UN) PRINCIPAL
-le plus important > **main**
--directeur d'un collège > **a principal**

UNE PRISE
-saisie > **a hold**
-technique de sport de combat > **a hold**
-action de capturer, résultat de la capture > **a catch**
-absorption d'un médicament > **a dose**
-fait de durcir (ciment, colle…) > **a setting**
-contrôle, influence (*avoir une prise sur*) > **a control (*to have some control over*)**
-matériel électrique male > **a plug**
-matériel électrique femelle > **a socket**

PRIVATIF
-qui manque > **wich deprives of**
-dont l'usage est réservé > **private**
-en grammaire, qui marque l'absence > **privative**

(UN) PRIVÉ
-intime, personnel > **private**
-qui n'est pas ouvert à tout public >
private
-qui ne dépend pas de l'état, contraire
de public > **private**
-qui n'a pas > **who / wich has not**
--détective > **a private detective**

UN PROBLÈME
-question à résoudre > **a problem**
-exercice scolaire > **a problem**
-difficulté > **a problem**

(SON) PROCHAIN
-qui suit immédiatement > **next**
--tout être humain > **one's neighbour**

(UN) PROCHE
-à proximité > **near**
-récent > **recent**
-bientôt > **soon**
-très semblable > **similar**
-intime > **close**
--personne intime > **a close relation**

UN PROFIL
-visage vu de côté > **a profile**
-aptitudes, qualités > **a profile**
-données personnelles informatiques >
a profil

UN PROGRAMME
-énoncé des thèmes d'une discipline
scolaire > **a syllabus**
-énoncé des thèmes scolaires de
l'année > **a curriculum**
-livret détaillant un spectacle > **a
programme** (*UK*) / **a program** (*USA*)
-liste des émissions de radio ou TV > **a
programme** (*UK*) / **a program** (*USA*)
-déclaration d'intention d'un candidat à
une élection > **a platform**
-projet > **a programme** (*UK*) / **a
program** (*USA*)
-écriture informatique > **a program**
-emploi du temps > **a schedule**

PROGRESSER
-avancer > **to advance**
-s'améliorer > **to progress**
-augmenter > **to rise**

UNE PROJECTION
-action de lancer qqch > **a throwing**
-éclaboussure > **a spatter**
-prévision > **an estimation**
-phénomène psychologique > **a
projection**
-présentation d'un film > **a screening**
-opération mathématique > **a
projection**

PROJETER
-jeter avec force > **to throw**
-passer un film > **to show**
-avoir le projet de, envisager > **to plan**
-faire une projection en
mathématiques > **to project**

UN PROMOTEUR
-constructeur immobilier > **a
developer**
-initiateur > **a promoter**
-substance qui rend un catalyseur plus
actif > **a promoter**

UNE PROMOTION
-avancement > **a promotion**
-opération commerciale > **a special
offer**
-ensemble des élèves entrés la même
année dans une école > **a year** (*UK*) /
a class (*USA*)

PROPRE
-qui n'est pas sale > **clean**
-qui est fait avec soin > **neat**
-qui ne pollue pas > **clean**
-qui appartient spécialement à qqun >
own
-qui convient exactement, approprié >
proper
-se dit des enfants qui n'ont plus
besoin de couches > **toilet-trained**

UNE PROPRIÉTÉ
-possession > **a property**
-grande maison entourée de terre > **a property**
-caractéristique > **a property**

UNE PROVISION
-stock > **a stock**
-somme sur un compte > **funds**
-somme versée à titre d'acompte (*d'un avocat, notaire...*) > **a retainer**
-somme qu'un tribunal attribue provisoirement avant un jugement > **an advance**

PROVOQUER
-défier > **to provoke**
-causer > **to cause**

(UNE) PRUNE
-couleur violet foncé > **plum coloured (*UK*) / plum colored (*USA*)**
--fruit > **a plum**
--(*fam*) contravention > **a ticket**

UN PRUNEAU
-prune séchée > **a prune**
-(*fam*) balle d'une arme à feu > **a bullet**

UNE PRUNELLE
-fruit > **a sloe**
-liqueur > **a sloe gin**
-pupille de l'œil > **a pupil**

UNE / LA PSYCHÉ
-grand miroir > **a cheval glass**
--âme > **psyche**

PUANT
-nauséabond > **stinking**
-(*fam*) odieux par sa vanité > **arrogant**

UNE PUISSANCE
-outil mathématiques > **a power**
-force, pouvoir, énergie > **a power**

UNE PULPE
-partie tendre et charnue des fruits > **a pulp**
-extrémité charnue des doigts > **a pad finger**
-tissu conjonctif de la cavité dentaire > **a dental pulp**

PULPEUX
-qui contient de la pulpe > **pulpy**
-charnue > **fleshy**
-se dit d'une femme aux formes sensuelles > **curvaceous**

PULVÉRISER
-réduire en poudre > **to pulverize**
-détruire complètement > **to destroy**
-vaporiser > **to spray**
-battre un record > **to smash**

(UNE) PUNAISE
-zut! > **gee!**
--insecte > **a bug**
--petit clou à tête large > **a drawing pin (*UK*) / a thumb tack (*USA*)**

UNE PUPILLE
-orifice central de l'œil > **a pupil**
-orphelin > **a ward**

Qq Qq Qq

ooooooooooooooooooooooooooooooooooooooooooooooooooooooooooo

UN QUAD
-véhicule > **a quad bike**
-roller dont les roues ne sont pas en ligne > **a quad roller skate**

UN QUADRILLE
-troupe de cavaliers dans un carrousel > **a quadrille**
-danse > **a quadrille**

QUADRILLER
-dessiner un quadrillage > **to draw a grid**
-surveiller une zone > **to cover**

UN QUAI
-terre-plein au bord de l'eau > **an embankment**
-espace le long de l'eau dans un port > **a dock**
-trottoir le long des voies dans une gare > **a platform**

UNE QUARANTAINE
-environ quarante > **about forty**
-isolement sanitaire > **a quarantine**
-giroflée > **a wallflower**

UN QUART
-1/4 > **a quarter**
-service de veille > **a watch**

UN QUARTIER
-portion de qqch > **a quarter**
-division naturelle de certains fruits > **a piece**
-partie d'une ville > **a district**
-voisinage > **a neighbourhood** (*UK*) / **a neighborhood** (*USA*)

-partie d'une prison > **a zone**

(LE) QUASI
-presque > **almost**
--morceau de boucherie > **the fillet**

UNE QUÊTE
-recherche > **a search**
-collecte de dons > **a collection**
-inclinaison arrière d'un mât de navire > **a rake**

UNE / LA QUEUE
-appendice caudale d'un animal > **a tail**
-partie arrière d'un avion > **a tail**
-tige (*de fleur, de fruit…*) > **a stalk**
-ustensile pour saisir un récipient > **a handle**
-tige de bois au billard > **a cue**
-trainée lumineuse d'une comète > **a tail**
-file de personnes > **a queue** (*UK*) / **a line** (*USA*)
-ce qui est à la fin d'un classement > **a bottom**
-(*argot*) pénis > **a prick**
--dernières voitures d'un train ou d'une rame de métro > **the rear**

UNE / LA QUILLE
-partie de la coque d'un navire > **a keel**
-élément de jeu > **a skittle**
-(*fam*) jambe > **a leg**
--(*fam*) fin du service militaire > **the demob**

Rr Rr Rr

ooooooooooooooooooooooooooooooooooooooooooooooooooooooooo

RACCROCHER
-remettre à sa place ce qui avait été décroché > **to hang back**
-terminer une communication téléphonique > **to hang up**
-(*fam*) abandonner définitivement une activité > **to retire**

UNE RACLETTE
-plat à base de fromage > **a raclette**
-instrument de nettoyage > **a scraper**

UNE / UN RADE
-grand bassin > **a harbour** (*UK*) / **a harbor** (*USA*)
--(*argot*) bistrot > **a bar**

RADIAL
-relatif au rayon > **radial**
-relatif à l'os du radius > **radial**
-relatif au nerf radial > **radial**

UN RADIATEUR
-élément de chauffage > **a heater**
-élément du moteur d'une voiture > **a radiator**

UNE RADIATION
-émission de particules > **a radiation**
-action de rayer d'une liste > **a removal**

(UN) RADICAL
-très énergique > **radical**
-du parti politique radical > **radical**
--membre du parti radical > **a Radical**
--racine d'une plante > **a root**

--unité lexicale permettant de former des mots apparentés > **a stem**
--élément en chimie > **a radical**
--signe mathématique > **a radical sign**

RADIEUX
-éclatant de lumière > **brillant**
-très ensoleillé > **radiant**
-qui rayonne de joie > **radiant**

UNE / UN / LA RADIO
-poste récepteur > **a radio**
-station émettrice > **a radio station**
-examen médical > **an X-ray**
--radiotélégraphiste > **a radio operator**
---radiodiffusion > **the radio**

UNE RAFALE
-coup de vent > **a gust**
-coups tirés sans interruption par une arme à feu > **a burst**
-succession très rapide > **a flurry**

RAFFINÉ
-débarrassé des impuretés (*sucre, farine…*) > **refined**
-d'un goût subtil > **refined**

UNE RAFLE
-action de tout emporter > **a roundup**
-arrestation massive de personnes > **a roundup**
-ensemble des pédoncules qui soutiennent les grains dans une grappe de fruits > **a stalk**
-partie centrale de l'épi de maïs > **a cob**

RAFRAÎCHIR
-rendre plus froid > **to cool**
-couper les cheveux plus nets > **to trim**
-rénover > **to redo**
-réinitialiser le contenu de l'écran d'ordinateur > **to refresh**

UN RAFRAÎCHISSEMENT
-action de rendre plus froid > **a cooling**
-boisson fraiche > **a cool drink**
-rénovation > **a redoing**
-légère coupe de cheveux > **a trim**

LA / UNE RAGE
-maladie > **rabies**
--fureur > **a rage**

UN RAGOT
-bavardage médisant > **a piece of gossip**
-sanglier de 2 à 3 ans > **a pig of the sounder**

RAIDE
-très pentu > **steep**
-qui manque de souplesse morale > **stiff**
-sans souplesse (*cheveux*) > **straight**
-sans souplesse (*corps*) > **not flexible**
-opiniâtre, inflexible > **rigid**
-(*fam*) étonnant, difficile à croire > **hard to believe**
-(*fam*) se dit d'une boisson alcoolisée forte et âpre > **strong**
-(*fam*) qui choque la bienséance, grivois > **daring**
-(*fam*) totalement dépourvu d'argent > **broke**
-d'un coup, immédiatement > **stone** ≈

UNE RAIE
-poisson > **a ray**
-ligne de séparation des cheveux > **a parting**
-ligne tracée > **a line**
-ligne décorative sur un tissu ou un papier > **a stripe**

-bande de lumière > **a ray**
-séparation des fesses > **a (butt) crack**

LE / UN RAIL
-industrie du chemin de fer > **railways (*UK*) / railroads (*USA*)**
--barre d'acier laminée > **a rail**
--glissière > **a rail**

UNE RAINETTE
-grenouille > **a tree frog**
-pomme > **a russet apple**
-outil pour tailler le sabot d'un cheval > **a hoof knife**
-outil pour travailler le bois > **a gouge**

UNE RAISON
-discernement > **a reason**
-motif, cause > **a reason**

RAISONNABLE
-sensé > **reasonable**
-acceptable, situé dans une juste moyenne > **reasonable**

UN RÂLE
-respiration des agonisants > **a gasp**
-bruit anormal perçu à l'auscultation > **a wheeze**
-oiseau > **a water rail**

(UN) RALENTI
-lent > **slowed**
--faible régime de rotation d'un moteur > **an idle speed**
--plan de cinéma > **a slow motion**

UN RALENTISSEUR
-dispositif sur poids lourds > **a speed limiter**
-dos d'âne > **a speed bump**

RÂLER
-protester > **to moan**
-agoniser > **to gasp**
-crier pour le tigre > **to growl**

UNE RALLONGE
-raccord électrique > **an extension lead**
-pièce qu'on ajoute à un objet pour l'agrandir > **an extension**
-(*fam*) supplément > **an extra**

RALLUMER
-allumer de nouveau > **to relight**
-faire renaitre, raviver > **to rekindle**

UNE RAME
-propulseur en aviron > **a paddle**
-ensemble de 500 feuilles de papier > **a ream**
-file de véhicules ferroviaires attelés ensemble > **a train**
-tuteur en bois > **a stake**

RAMER
-pagayer > **to row**
-soutenir des plantes grimpantes avec des rames > **to stake**
-(*fam*) avoir beaucoup de peine à faire qqch > **to struggle**

UN RAMEUR
-personne qui fait de l'aviron > **a rower**
-appareil de cardio training > **a rowing machine**

RAMEUTER
-remettre les chiens en meute > **to round up**
-rassembler, mobiliser > **to gather**

UNE / LA RAMPE
-voie d'accès > **a ramp**
-garde-corps portant une main courante et bordant un escalier du côté du vide > **a banister**
--rangée de lumières sur le devant d'une scène de théâtre > **the footlights**

UNE RAMURE
-ensemble des branches et des rameaux d'un arbre > **the branches**
-bois du cerf > **the antlers**

UN RANG
-ligne de personnes ou d'objets > **a row**
-série de perles ou de mailles > **a row**
-place dans un ensemble ordonné > **a place**
-grade > **a rank**

RÂPÉ
-réduit en miette > **grated**
-usé au point que l'étoffe montre la trame > **threadbare**
-(*fam*) fichu, raté > **hopeless**

RÂPER
-réduire en miettes > **to grate**
-limer du bois > **to rasp**
-gratter, donner une sensation d'âpreté > **to scrape**

RAPPELER
-appeler de nouveau au téléphone > **to call back**
-faire revenir > **to call back**
-remémorer qqch à qqun > **to remind sb of sth**
-présenter une ressemblance avec qqun > **to remind sb of sb**

UN RAPPORT
-lien, relation > **a connection**
-ratio > **a ratio**
-compte-rendu > **a report**
-profit > **a yield**
-rapport sexuel > **a (sexual) intercourse**

RAPPORTER
-rendre qqch que l'on a emprunté > **to bring back**
-ramener avec soi en revenant d'un lieu > **to bring back**
-en couture, coudre une pièce de tissu sur qqch ou joindre bout à bout > **to sew on**
-procurer un bénéfice > **to yield**
-répéter qqch à qqun > **to inform sb of sth**

-faire un rapport relatif à un projet **> to report**

UN RAPPORTEUR
-instrument de géométrie **> a protractor**
-qui répète par indiscrétion **> a tattletale**
-personne chargée de faire l'exposé d'un projet **> a reporter**

UNE RAQUETTE
-objet pour jouer au tennis, ping-pong et autre sport de balle du même type **> a racket**
-objet pour permettre de marcher sur la neige **> a snowshoe**
-zone de terrain de basket **> a free throw lane**

RASANT
-frôlant **> grazing**
-*(fam)* ennuyeux **> boring**

RASER
-couper les poils avec un rasoir **> to shave**
-passer tout près, effleurer **> to graze**
-abattre à ras de terre *(maison…)* **> to raze to the ground**
-*(fam)* ennuyer **> to bore**

(UN) RASOIR
-ennuyeux **> boring**
--instrument de rasage **> a razor**

LA / UNE RATE
-organe **> a spleen**
--rat femelle **> a female rat**

UN RÂTEAU
-outil de jardinage **> a rake**
-instrument de croupier **> a rake**
-antenne **> an antenna**
-*(fam)* échec amoureux *(prendre un rateau)* **> a rebuttal (to face a rebuttal)**

UN RATELIER
-mangeoire **> a rack**
-support **> a rack**
-*(fam)* dentier **> false teeth**

RATISSER
-égaliser avec un râteau **> to rake**
-fouiller méthodiquement une zone **> to comb**
-*(fam)* ruiner, dépouiller qqun **> to clean out**

RAVALER
-faire un ravalement **> to restore**
-avaler de nouveau **> to swalow**
-garder pour soi ce qu'on s'apprêtait à manifester **> to swallow**
-placer à un niveau inférieur **> to lower**

RAVIR
-charmer **> to delight**
-enlever par la force **> to rob**

UN RAYON
-étagère d'une bibliothèque **> a shelf**
-département d'un magasin **> a department**
-gâteau de cire que font les abeilles **> a honeycomb**
-trait qui part d'un centre lumineux **> a ray**
-en géométrie, mesure liée au cercle **> a radius**
-pièce de métal qui relie le moyeu à la jante d'une roue **> a spoke**
-chacune des pièces squelettiques qui soutiennent les nageoires des poissons **> a comb**
-sillon peu profond dans lequel on sème des graines **> a drill**
-domaine d'expertise **> a field**

UN RAYONNEMENT
-ensembles des radiations émises par un corps **> a radiation**
-influence **> an influence**

RÉALISER
-accomplir > **to make**
-diriger un film > **to direct**
-prendre conscience d'une réaité > **to realize**
-convertir un bien en argent liquide > **to realize**

REBONDIR
-faire un ou plusieurs bonds > **to bounce**
-avoir des développements imprévus > **to bounce back**
-rétablir sa position après une période de difficultés > **to go back on one's feet**
-abonder, dans une conversation > **to get going again**

RECELER
-contenir > **to contain**
-détenir des objets volés > **to receive**
-cacher aux yeux de la justice > **to harbour (UK) / to harbor (USA)**

UN RÉCEPTACLE
-réservoir > **a container**
-extrémité du pédoncule d'une fleur > **a receptacle**

UNE RÉCEPTION
-réunion mondaine > **a reception**
-service ou bureau d'accueil > **a reception**
-action de recevoir qqch (*lettre, colis...*) > **a receipt**
-manière de retomber au sol après un saut > **a landing**
-manière de recevoir un ballon, une balle > **a catch**

RÉCEPTIONNER
-prendre livraison de marchandises > **to receive**
-en sport, recevoir la balle > **to catch**

UNE RECETTE
-prescription de cuisine > **a recipe**
-encaissement > **a revenue**

-bureau d'un receveur des impôts > **a tax office**

UN RECEVEUR
-comptable public > **a tax collector**
-administrateur d'un bureau de poste > **a post master**
-malade qui fait l'objet d'une greffe ou d'une transfusion sanguine > **a recipient**

RÊCHE
-rugueux au toucher > **rough**
-âpre au goût > **rough**
-d'un abord désagréable > **rough**

UNE / LA RECHERCHE
-action de chercher > **a search**
-quête > **a pursuit**
-raffinement, souci de se distinguer > **a sophistication**
--travail scientifique > **the research**

UNE RÉCIDIVE
-commettre un crime ou un délit de nouveau > **a second offence**
-réapparition d'une maladie > **a recurrence**

RÉCLAMER
-demander avec insistance > **to ask for**
-nécessiter > **to require**

RECONDUIRE
-raccompagner qqun > **to take sb home**
-continuer selon les mêmes modalités > **to renew**

UNE RECONNAISSANCE
-action de reconnaitre comme légitime > **an aknowledgement**
-gratitude > **a gratitude**
-aveu > **a confession**
-examen détaillé d'un lieu > **a reconnaissance**

RECONNAÎTRE
-identifier > **to recognize**
-admettre comme légitime > **to aknowledge**
-avouer, admettre > **to admit**
-explorer > **to reconnoitre**

RECOUPER
-couper de nouveau > **to cut again**
-vérifier grâce à des renseignements issus de sources différentes > **to cross-check**

RECOURIR
-courir de nouveau > **to run again**
-se servir de > **to resort to**

UN RECOUVREMENT
-action de retrouver ce qui était perdu > **to recover**
-perception de sommes dues > **a recovery**
-action de couvrir > **a covering**

(UN) REÇU
-compris! > **roger!**
-réceptionné > **received**
-invité (*être reçu*) > **received (*to get a welcome*)**
-admis à un examen (*être reçu à un examen*) > **admitted (*to pass an exam*)**
--quittance > **a receipt**

RECULER
-aller vers l'arrière > **to move back**
-remettre à plus tard > **to postpone**
-perdre du terrain, diminuer > **to decline**
-renoncer devant une difficulté > **to back off**

UNE RÉDACTION
-manière de rédiger un texte > **a writting**
-exercice scolaire > **an essay**
-ensemble des rédacteurs d'un journal > **an editorial staff**

-bureau d'un journal > **an editorial office**

UN REDOUBLEMENT
-intensification > **an increase**
-fait de recommencer une année dans la même classe > **to repeat a year (*UK*) / to repeat a grade (*USA*)**

UNE RÉDUCTION
-diminution > **a decrease**
-remise > **a discount**
-réaction chimique > **a reduction**
-opération en mathématiques > **a reduction**
-opération en cuisine > **a reduction**

(UN) RÉDUIT
-moins important > **reduced**
-miniature > **miniature**
--petite pièce retirée > **a cubbyhole**

REFAIRE
-faire à nouveau > **to do again**
-redécorer une pièce > **to redo**
-(*fam*) tromper, duper > **to con**

RÉFLÉCHI
-pondéré > **thoughfull**
-reflété par une surface > **reflected**
-se dit de la nature grammaticale de certains pronoms > **reflexive**

UN REFLET
-image provenant de la réflexion de la lumière sur une surface > **a reflection**
-nuance colorée variant selon l'éclairage > **a glint**
-illustration > **a reflection**

UNE RÉFLEXION
-action de penser > **a thought**
-observation critique adressée à qqun > **a remark**
-phénomène par lequel des ondes se réfléchissent sur une surface > **a reflection**

-changement de direction d'un corps après un choc avec un autre > **a reflection**

RÉFRACTAIRE
-qui refuse de se soumettre > **resistant**
-se dit de certains matériaux qui résistent à certaines influences physiques ou chimiques > **refractory**
-en médecine, insensible aux stimulations pendant un certain temps > **refractory**

REFROIDIR
-abaisser la température > **to cool**
-tempérer > **to dampen**
-(*argot*) tuer > **to bump off**

UN REFROIDISSEMENT
-baisse de température > **a cooling**
-rhume > **a chill**
-(*fam*) diminution de la chaleur d'un sentiment > **a cooling**
-évacuation de l'excédent de chaleur d'un moteur > **a coolant**

UN REGAIN
-renouveau > **a renewal**
-herbe qui repousse dans les prairies après la première fauche > **a second crop**

UN REGARD
-coup d'œil > **a look**
-expression des yeux > **a look**
-point de vue > **an opinion**
-ouverture pour faciliter la visite d'un conduit > **an inspection hole**
-ouverture permettant l'inspection des égouts > **a manhole**

REGARDER
-porter la vue sur > **to look at**
-être spectateur > **to watch**
-considérer, envisager > **to see**
-concerner, intéresser > **to concern**

UNE RÉGIE
-gestion d'un service public > **a state-owned company**
-organisation matérielle d'un spectacle > **a production department**
-salle de contrôle d'un studio de radio ou de tv > **a control room**

UN RÉGIME
-mode d'alimentation > **a diet**
-vitesse de moteur > **a speed**
-assemblage en grappe de certains fruits > **a bunch**
-organisation politique de gouvernement > **a regime**
-contractualisation maritale > **a (matrimonial) regime**

UN REGISTRE
-répertoire > **a register**
-échelle de téciture vocale > **a register**
-catégorie de language en linguistique > **a register**
-catégorie > **a category**
-commande de chacun des jeux de l'orgue > **a stop**
-style artistique > **a style**

UNE RÈGLE
-instrument de géométrie > **a ruler**
-principe de conduite > **a rule**

UN RÈGLEMENT
-paiement > **a payment**
-règlementation > **(*pl*) rules**
-résolution > **a settlement**

RÉGLER
-organiser > **to organize**
-solutionner > **to settle**
-payer > **to pay**
-faire la mise au point > **to set**

UNE RÉGULARITÉ
-caractère de ce qui se reproduit à des intervalles constants > **a regularity**
-caractère de ce qui est bien proportionné > **a regularity**

-caractère de ce qui est conforme aux règles > **a legality**
-constance > **a consistency**

RÉHABILITER
-rétablir une personne dans ses droits > **to rehabilitate**
-restaurer et moderniser un bâtiment > **to renovate**

UN REJET
-émanation > **a discharge**
-pousse qui se développe à partir d'une tige > **a shoot**
-réaction immunitaire après une greffe > **a rejection**
-refus > **a rejection**

REJETER
-éjecter > **to throw back**
-produire des émanations > **to discharge**
-refuser > **to reject**
-pour un organisme greffé, ne pas accepter le greffon > **to reject**

UN REJETON
-pousse qui apparait au pied d'une tige > **a shoot**
-descendance, enfant > **a kid**

UNE RELANCE
-rappel de payer une facture > **a reminder**
-action de donner un nouvel élan > **a revival**
-à certains jeux de cartes, action de surenchérir sur l'adversaire > **a raise**
-amélioration économique > **a recovery**

RELATIF
-qui se rapporte à > **relative to**
-qui n'a rien d'absolu > **relative**
-qui caractérise certains pronoms en grammaire > **ralative**
-qui caractérise certains nombres en mathématiques > **ralative**

UNE RELATION
-lien existant entre des choses ou des personnes > **a relationship**
-personne avec qui on est en rapport, connaissance > **an acquaintance**
-récit > **an account**

RELATIVEMENT
-assez, jusqu'à un certain point > **quite**
-plutôt > **rather**
-par comparaison à > **compared to**
-au sujet de > **concerning**

UN RELENT
-mauvaise odeur qui persiste > **a stench**
-trace, résidu > **a residue**

UNE RELIGIEUSE
-gâteau > **a cream puff**
-none > **a nun**

REMERCIER
-exprimer sa gratitude > **to thank**
-licencier > **to dismiss**

UNE REMISE
-action de remettre dans un état antérieur > **a putting back**
-action de livrer, de remettre > **to delivery**
-réduction que l'on fait sur un achat > **a discount**
-local servant d'abri à des véhicules ou du matériel > **a shed**
-dépôt bancaire > **a deposit**

UNE RÉMISSION
-action de pardonner une faute > **a forgiveness**
-guérison temporaire > **a remission**

(UN) REMONTANT
-se dit d'une plante qui fleurit une seconde fois dans l'année > **double-cropping**
--boisson ou médicament qui redonne des forces > **a tonic**

SE REMPLUMER
-(*fam*) rétablir sa situation financière >
to get back on one's feet
-(*fam*) reprendre des forces > **to fill
out again**

REMPORTER
-reprendre ce qu'on avait apporté > **to
bring back**
-gagner une compétition > **to win**

REMUER
-secouer un liquide, mélanger > **to stir**
-bouger > **to move**
-émouvoir profondément > **to move**

RENÂCLER
-faire du bruit en reniflant, en parlant
d'un animal > **to snort**
-rechigner > **to be reluctant to**

RENCHÉRIR
-devenir plus cher > **to become more
expensive**
-faire une enchère supérieure > **to
make a higher bid**
-dire ou faire plus qu'un autre > **to go
further**
-ajouter une parole > **to add**

UNE RENCONTRE
-entrevue > **a meeting**
-conférence > **a meeting**
-compétition sportive > **a meeting**

UN RENDEMENT
-productivité > **an output**
-efficacité > **an efficiency**
-production en agriculture > **a yield**
-gain financier > **a yield**

RENDRE
-restituer > **to give back**
-restaurer > **to restore**
-donner en retour > **to return**
-prononcer un jugement > **to
pronounce**
-avoir l'air > **to look**
-(*fam*) vomir > **to vomit**

(LE) RENFERMÉ
-replié sur soi > **withdrawn**
--mauvaise odeur qu'exhale une pièce
qui a été longtemps fermée > **a musty
smell**

RENFLOUER
-remettre à flot un navire échoué ou
coulé > **to refloat**
-fournir les fonds nécessaires pour
rétablir une situation financière > **to
bail out**

SE RENGORGER
-pour les oiseaux, faire saillir la gorge
en ramenant la tête en arrière > **to
puff out its throat**
-(*fam*) faire l'important, se gonfler
d'orgueil > **to strut**
-être fier > **to be proud**

RENIER
-dénoncer une promesse, un
engagement > **to go back on sth**
-refuser de reconnaitre comme sien >
to disown
-abandonner en désavouant > **to
renounce**

RENOUER
-nouer une chose dénouée > **to retie**
-reprendre après une interruption > **to
resume**
-reprendre une relation avec qqun > **to
take up with sb again**

RENVERSER
-répandre un contenu > **to spill**
-faire basculer > **to turn**
-faire tomber qqun ou qqch > **to knock
sb or sth over**
-heurter avec un véhicule > **to run
down**
-faire tomber en voiture > **to knock
down**
-provoquer la chute d'un
gouvernement > **to overthrow**
-inverser > **to reverse**
-(*fam*) stupéfier > **to bowl over**

UN RENVOI
-signe dans un livre pour regarder une note correspondante > **a cross-reference**
-réexpédition > **a return**
-éructation > **a belch**
-action de remettre à une date ultérieure > **a postponement**
-licenciement > **a dismissal**
-expulsion > **an expulsion**

RENVOYER
-envoyer une nouvelle fois > **to send again**
-retourner (*un produit défectueux, non conforme…*) > **to return**
-lancer qqch qu'on a reçu dans le sens inverse (*balle…*) > **to send back**
-réfléchir, en parlant d'une surface > **to reflect**
-faire écho, pour un son > **to echo**
-congédier > **to dismiss**
-expulser (*élève, membre …*) > **to expel**
-adresser vers > **to send sb somewhere**
-reporter > **to postpone**
-faire référence à > **to refer to**

REPASSER
-défriper du linge avec un fer > **to iron**
-passer de nouveau > **to come back**
-se représenter à un examen > **to retake**
-refaire un examen (*une radiographie…*) > **to go for (*an X-ray…*) again**

UNE RÉPÉTITION
-redite > **a repetition**
-mise au point d'un spectacle > **a rehearsal**

REPIQUER
-piquer de nouveau > **to prick again**
-transplanter une jeune plante qui provient de semis > **to prick out**
-copier un enregistrement > **to make a copy of**

-redoubler une classe > **to repeat a year (*UK*) / to repeat a grade (*USA*)**

UN REPLI
-double pli > **a fold**
-retraite volontaire de militaires > **a withdrawal**
-baisse en économie > **a downturn**

UNE RÉPLIQUE
-répartie > **a reply**
-partie d'un dialogue de théatre > **a line**
-secousse après un tremblement de terre > **an aftershock**
-copie ancienne d'une œuvre d'art > **a replica**

REPOSER
-remettre en place > **to put back down**
-délasser > **to rest**
-pour un défunt, être enterré dans un lieu > **to lie**
-en cuisine, réserver au repos un appareil pour qu'une modification se produise > **to stand**

REPOUSSER
-pousser, croitre de nouveau > **to grow again**
-pousser en arrière, faire reculer > **to push back**
-contrer un assaillant > **to repel**
-refuser > **to refuse**
-dégouter > **to disgust**
-remettre à plus tard > **to postpone**

UNE REPRÉSENTATION
-image mentale > **a representation**
-figuration > **a representation**
-spectacle > **a performance**
-incarnation > **a representation**

RÉPRIMER
-refouler > **to repress**
-supprimer > **to supress**
-punir > **to punish**

UNE REPRISE
-action de recommencer > **a resumption**
-résurgence > **a resurgence**
-renouveau de l'activité économique > **a recovery**
-passage d'un régime moteur supérieur > **an acceleration**
-répétition d'une chanson > **a cover version**
-chacune des parties d'un combat de boxe > **a round**
-rachat d'un matériel usager pour l'achat d'un neuf > **a trade in**
-retour de marchandise > **a return**
-racommodage > **a darn**

LA / UNE REPRODUCTION
-perpétuation de l'espèce > **the reproduction**
--copie > **a copy**

(UN) RÉPUBLICAIN
-de la république > **republican**
-du parti des républicains aux USA > **republican**
--partisan d'une république > **a republican**
--partisan du parti politique des républicains aux USA > **a Republican**
--moineau d'Afrique > **a sociable weaver**

UN REQUIN
-poisson > **a shark**
-(fig) homme d'affaire impitoyable > **a shark**

UNE RÉSERVE
-chose mise de côté pour un usage ultérieur > **a reserve**
-local où l'on entrepose des marchandises > **a storeroom**
-fonds mis de côté pour prévoyance en comptabilité > **a reserve**
-force militaire de renfort > **a reserve**
-discrétion, retenue > **a reserve**
-restriction > **a reservation**

-territoire où les animaux sont protégés > **a reserve**
-territoire indien > **a reserve**

RÉSERVÉ
-qui extériorise peu ses sentiments > **withdrawn**
-circonspect > **cautious**
-destiné à un usage personnel exclusivement > **private**
-retenu, loué > **booked**

RÉSERVER
-faire une réservation, retenir > **to book**
-garder, mettre de côté > **to save**

UNE RÉSIDENCE
-lieu d'habitation > **a residence**
-ensemble d'immeubles > **an apartment block**

(UN) RÉSISTANT
-robuste > **strong**
--opposant à l'occupation allemande pendant la deuxième guerre mondiale > **a member of the Resistance**

UNE RÉSOLUTION
-façon de résoudre un problème > **a solution**
-décision prise avec la volonté de s'y tenir > **a resolution**
-texte émis par une assemblée > **a resolution**
-netteté d'une image > **a resolution**

RESPIRER
-absorber l'air et le rejeter > **to breathe**
-(fam) avoir un moment de répit > **to have a break**
-donner une image de > **to exude**

UNE RESPONSABILITÉ
-pouvoir de décision > **a responsability**
-implication > **a responsability**
-capacité morale > **a responsability**

-capacité légale > **a liability**

(UN) RESPONSABLE
-en charge de > **in charge of**
-coupable légalement > **liable for**
-qui doit rendre des comptes > **responsible for**
-réfléchi > **responsible**
--personne qui a un pouvoir de décision > **a supervisor**

UN / DU RESSORT
-objet élastique > **a spring**
--énergie, tonus > **energy**
--de la compétence de > **responsible for**

RESSORTIR
-sortir une nouvelle fois > **to go out again**
-contraster > **to bring out**
-résulter > **to result from**

UN RESTAURATEUR
-personne qui restaure une œuvre d'art > **a restorer**
-personne qui tient un restaurant > **a restaurant owner**

UNE / LA RESTAURATION
-rénovation > **a restoration**
-rétablissement d'une dynastie précédemment éloignée du pouvoir > **a restoration**
--métiers de bouche > **catering**

RESTAURER
-rénover > **to restore**
-remettre en vigueur, à l'honneur > **to restore**
-récupérer des fichiers informatiques > **to restore**
-nourrir > **to feed**

UN RÉTABLISSEMENT
-remettre à l'honneur > **a restoration**
-retour à la santé > **a recovery**
-mouvement de gymnastique > **a pull up**

-en aéronautique, retour à un vol rectiligne > **a stabilizing**

RETAPER
-réparer > **to refurbish**
-redonner des forces > **to set back on one's feet**
-refaire sommairement un lit > **to straighten**
-taper de nouveau un texte à la machine > **to retype**
-redonner des coups > **to hit again**

RETARDER
-remettre à un moment ultérieur > **to delay**
-ralentir (*un mouvement, un processus…*) > **to slow**
-indiquer une heure antérieure à l'heure réelle pour une montre ou une horloge > **to be slow**
-régler une montre ou une horloge qui avançait > **to put back**
-ne pas être au goût du jour > **to be behind the times**

RETENIR
-fixer dans sa mémoire > **to remember**
-faire une retenue dans un calcul arithmétique > **to carry**
-réserver > **to book**
-sélectionner > **to select**
-garder > **to retain**
-empêcher un mouvement > **to keep**
-empêcher un sentiment de se manifester > **to hold back**
-prélever une partie d'une somme > **to deduct**

RETENTIR
-renvoyer un son puissant > **to ring out**
-avoir des répercussions > **to have an effect on**

RETENTISSANT
-qui rend un son puissant > **resounding**

-très grand, éclatant (*succès…*) >
resounding

UNE RETENUE
-prélèvement > **a deduction**
-consigne, colle pour un élève > **a
detention**
-comportement réservé > **a
cautiousness**
-nombre utilisé lors d'une soustraction
> **a carry**
-barrage (en particulier pour l'eau) > **a
dam**
-embouteillage > **a traffic jam**

RETOMBER
-tomber de nouveau ou après avoir été
lancé > **to fall again**
-disparaitre ou faiblir après une
croissance > **to fall back**
-recommencer > **to relapse into**
-pendre > **to fall**

RETRACER
-tracer de nouveau > **to redraw**
-raconter > **to report**

SE RÉTRACTER
-revenir sur ce qu'on a dit > **to recant**
-se contracter > **to retract**
-se replier (*griffes…*) > **to retract**

UNE RETRAITE
-fin de la vie professionelle active > **a
retirement**
-pension d'un retraité > **a pension**
-recueillement spirituel > **a retreat**
-marche en arrière d'une armée > **a
retreat**

UN RETRANCHEMENT
-soustraction > **a substraction**
-fortification > **an entrenchment**

RETRANSMETTRE
-transmettre de nouveau > **to
retransmit**
-diffuser une émission radio ou TV >
to broadcast

(UN) RETRO
-se dit d'un style inspiré par le passé >
retro
--rétroviseur > **a rear-view miror**

UNE RÉUSSITE
-succès > **a success**
-jeu de cartes > **a patience**

UN RÉVEIL
-passage de l'état de sommeil à l'état
de veille > **a waking up**
-petite pendule > **an alarm clock**
-renouveau > **a revival**

RÉVEILLER
-tirer du sommeil > **to wake up**
-susciter de nouveau > **to renew**

UN REVENANT
-fantôme > **a ghost**
-(*fam*) personne que l'on n'a pas vu
depuis longtemps > **a stranger**

REVENDIQUER
-réclamer > **to demand**
-assumer > **to claim**

UNE RÉVÉRENCE
-respect, vénération > **a reverence**
-mouvement de corps pour saluer en
s'inclinant fait par un homme > **a bow**
-mouvement de corps pour saluer en
s'inclinant fait par une femme > **a
curtsey**

UN REVERS
-côté ou face de qqch opposé au côté
ou à la face principale > **an other side**
-col d'une veste repliée sur l'endroit >
a lapel
-repli de l'envers sur l'endroit d'un
pantalon ou d'une manche > **a turn-up**
-coup au tennis > **a backhand**
-échec > **a setback**

RÉVERSIBLE
-possiblement transitoire > **reversible**
-se dit d'un vêtement que l'on peut mettre à l'endroit ou à l'envers > **reversible**

RÉVISER
-revoir ce qu'on a étudié en vue d'un examen > **to revise**
-vérifier le fonctionnement (*voiture…*) > **to service**
-mettre à jour > **to update**
-examiner de nouveau pour modifier s'il y a lieu > **to review**

UNE REVUE
-spectacle de music-hall > **a revue**
-publication périodique > **a magazine**
-défilé, parade militaire > **a review**
-inspection > **a review**

(LE) RIDICULE
-propre à exciter la moquerie > **ridiculous**
-absurde > **absurd**
-insignifiant, minime > **negligible**
--fait d'être ridicule > **ridiculousness**

RIGIDE
-solide, résistant aux forces de torsion > **stiff**
-austère, d'une grande sévérité > **stiff**

UNE RIGOLADE
-action de rire > **a laugh**
-chose peu sérieuse, burlesque > **a joke**
-chose facile à faire, comme par jeu > **a cinch**

RIGOUREUX
-exact et précis > **meticulous**
-pénible, difficile à supporter (*climat, conditions de vie…*) > **hard**

UNE RITOURNELLE
-courte phrase musicale > **a jingle**
-propos répétés continuellement > **a same old story**

(UN) RITUEL
-conforme aux rites > **ritual**
-habituel, immuable > **ritual**
--ensemble des gestes répétés lors de cérémonies > **a ritual**
--ensemble des règles habituelles fixées par les traditions > **a ritual**
--gestes répétés dans les troubles obsessionnels compulsifs > **a ritual**

UNE ROBE
-vêtement de femme > **a dress**
-vêtement des juges et des avocats > **a robe**
-enveloppe des fruits et légumes > **a skin**
-feuille de tabac constituant l'enveloppe d'un cigare > **a wrapper leaf**
-pelage d'un animal > **a coat**
-couleur d'un vin > **a colour (*UK*) / a color (*USA*)**

ROCAILLEUX
-couvert de cailloux et de petites pierres > **rocky**
-se dit d'une voix rauque et râpeuse > **gravelly**
-se dit d'un style dénué de grâce et d'harmonie > **rough**

UN / LE ROCHER
-grosse pierre > **a rock**
-bouchée au chocolat > **a rocher**
--os de l'oreille > **the petrosal bone**

UN RODAGE
-période de mise au point > **a running in**
-fonctionnement temporairement limité en dessous des performances nominales d'une machine, d'un véhicule > **a running in**

UNE ROGNE
-coupe au massicot d'un imprimé ou d'un volume pour sa mise au format définitif > **a trim**

-colère (*être en rogne*) > an angry (*to be angry*)

ROGNER
-couper qqch sur son pourtour > **to trim**
-retrancher > **to cut back on**

(UNE) ROGUE
-arrogant > **arrogant**
--préparation d'œufs de poissons salés utilisée comme appât pour la pêche à la sardine > **a fish roe**

UN ROITELET
-roi d'un très petit état > **a petty king**
-oiseau > **a wren**

UN ROLLER
-patin > **a roller skate**
-feutre à bille > **a felt-tip pen**

(UNE) ROMAINE
-(*adj fem*) de rome > **Roman**
--femme qui habite Rome > **a Roman**
--salade > **a Romaine lettuce**
--balance > **a Roman scale**

LE ROMANTISME
-mouvement artistique > **romanticism**
-caractère sensible > **romanticism**

(UN) ROND
-qui a la forme d'un cercle > **round**
-corpulent > **plump**
-(*fam*) ivre > **drunk**
-se dit d'un nombre entier > **round**
--cercle > **a circle**
--(*fam*) argent > **cash**

UNE RONDE
-danse > **a round dance**
-parcours de gardiennage > **a patrol**
-note de musique valant deux blanches > **a whole note**

RONDEMENT
-promptement > **briskly**
-franchement, loyalement > **frankly**

RONGER
-mordiller, attaquer avec les dents > **to gnaw**
-abimer en usant > **to corrode**
-miner, causer du tourment > **to plague**

UNE / DE LA ROQUETTE
-projectile d'artillerie > **a rocket**
--salade > **rocket salad**

(UNE) ROSE
-couleur > **pink**
-qui a rapport au sexe tarifé > **sex≈**
--fleur > **a rose**

(UNE) ROSSE
-méchant > **nasty**
--mauvais cheval > **a nag**

UN ROSSIGNOL
-oiseau > **a nightingale**
-crochet de serrurier et de cambrioleur pour ouvrir les serrures > **a picklock**

UNE ROTONDE
-bâtiment de plan circulaire souvent surmonté d'une coupole > **a rotunda**
-dans certains autobus, banquette arrière en demi-cercle > **a semicircular bench seat at the rear**

ROUCOULER
-chanter pour le pigeon > **to coo**
-(*fam*) tenir des propos tendres et langoureux > **to coo**

UNE ROUE
-organe rond permettant à un véhicule de rouler > **a wheel**
-mouvement de gymnastique > **a cartwheel**
-queue que déploie le paon (*faire la roue*) > **a tail (*to spread its tail*)**

(UN) ROUGE
-couleur > **red**
-communiste > **Red**
--militant comuniste > **a Red**
--vin > **a red wine**
--cosmétique pour les lèvres > **a lipstick**

(DE LA) ROUILLE
-couleur > **rust coloured (UK) / rust colored (USA)**
--oxyde ferrique > **rust**
--maladie des plantes > **rust**
--aïoli pour soupe de poisson > **rouille**

UN ROULEAU
-objet de forme cylindrique > **a roll**
-gros bigoudi > **a curler**
-vague déferlante > **a roller**

UNE ROULETTE
-petite roue > **a caster**
-fraise du dentiste > **a drill**
-jeu de casino > **a roulette**

(UN) ROUQUIN
-qui a les cheveux roux > **ginger**
--(fam) vin rouge > **a red wine**

UNE ROUSSETTE
-poisson > **a dog fish**
-chauve-souris > **a flying fox**

(UN) ROUTIER
-relatif à la route > **road** ≈
--chauffeur de camion > **a trucker**
--restaurant > **a roadside diner**

UNE RUE
-voie publique > **a street**
-plante > **a rue**

UNE RUINE
-bâtiment délabré ou détruit > **a ruin**
-perte de sa fortune > **a ruin**

UNE RUMEUR
-bruit confus de voix > **a rumbling**
-ragot qui se répand > **a rumour (GB) / a rumor (USA)**

Ss Ss Ss

ooooooooooooooooooooooooooooooooooooooooooooooooooooooooo

(DU) SABLE
-couleur > **sandy**
--roche en grains > **sand**

(UN) SABLÉ
-couvert de sable > **sandy**
-en cuisine, se dit d'une pâte avec une forte proportion de sucre et de beurre > **shortcrust (pastry)**
--gâteau > **a shortbread biscuit (*UK*) / a shortbread cookie (*USA*)**

SABORDER
-couler volontairement un navire pour qu'il ne tombe pas dans les mains de l'ennemi > **to scuttle**
-détruire volontairement une entreprise > **to scuttle**

UN SABOT
-chaussure > **a clog**
-ongle entourant l'extrémité des doigts des mammifères ongulés (*cheval, bœuf, porc…*) > **a hoof**
-dispositif de blocage de roue mis par la fourrière > **a wheel clamp (*GB*) / a Denver boot (*USA*)**

UN SABRE
-arme blanche > **a sabre (*UK*) / a saber (*USA*)**
-poisson > **a scabbard fish**

UN SACRE
-cérémonie d'intronisation d'un roi > **a coronation**
-grand faucon d'Europe > **a saker falcon**
-victoire > **a win**

UN SACRIFICE
-offrande à un dieu > **a sacrifice**
-renoncement volontaire > **a sacrifice**

(DU / UN) SAFRAN
-couleur jaune orangé > **saffron**
--épice > **saffron**
---partie de gouvernail > **a rudder blade**

UNE SAGESSE
-bon sens > **a wisdom**
-docilité et obéissance > **a good behaviour (*GB*) / a good behavior (*USA*)**

LE / UN / UNE SAGITTAIRE
-signe du zodiaque > **Sagittarius**
--être mythologique > **a Centaur**
---plante > **a sagittaria**

UN SAGOUIN
-singe > **a tamarin**
-(*fam*) personne malpropre et grossière > **a slob**

SAIGNANT
-qui saigne > **bleeding**
-se dit d'une viande juste cuite > **rare**
-(*fam*) sans concession, sans pitié > **savage**

UNE SAIGNÉE
-méthode thérapeutique > **a bleeding**
-pliure du bras > **a bend**
-entaille dans un mur > **a groove**
-prélèvement d'argent qui affecte sensiblement un budget > **a loss**

UNE SAILLIE
-protrusion > **a protrusion**
-trait d'esprit brillant et imprévu > **a witticism**
-accouplement des animaux domestiques > **a mating**

SAISIR
-prendre qqch entre les mains ou avec un instrument > **to take sth**
-percevoir le sens de qqch, comprendre > **to understand sth**
-exposer un aliment à un feu vif > **to seal**
-porter un litige devant une juridiction > **to refer a case to a court**
-enregistrer des données informatiques > **to input data**
-mettre à profit (*occasion, opportunité…*) > **to seize**

UNE SAISON
-chacune des quatre périodes de l'année > **a season**
-ensemble des épisodes d'une série TV > **a season**

UNE SALADE
-légume > **a lettuce**
-plat composé > **a salad**

SALER
-assaisonner avec du sel > **to salt**
-répandre du sel pour faire fondre de la neige > **to salt**
-exagérer le montant d'une facture > **to inflate**

UNE SALETÉ
-malpropreté > **a dirt**
-chose malpropre > **filth**
-(*fam*) méchanceté > **a nastiness**
-(*fam*) parole obscène > **filth**

SALIR
-rendre sale, tacher > **to spoil**
-déshonorer > **to tarnish**

SALIVER
-sécréter de la salive > **to salivate**
-(*fam*) avoir très envie de qqch > **to drool with sth**

UN SALON
-pièce dans une maison > **a living room**
-pièce d'attente (*aéroport, hôtel …*) > **a lounge**
-meubles > **a suite**
-boutique > **a salon**
-exposition commerciale > **a fair**
-cercle littéraire > **a salon**

SALUER
-faire un signe de la main à qqun > **to wave to sb**
-faire un signe de tête à qqun > **to nod to sb**
-dire bonjour à qqun > **to greet sb**
-dire au revoir à qqun > **to say goodbye to sb**
-honorer d'un salut militaire > **to salute**
-rendre hommage à > **to aknowledge**
-pour un artiste, s'incliner devant son public après un spectacle > **to greet**

(UN) SALUT
-façon familière pour dire bonjour ou au revoir > **hello!**
--signe de main > **a wave**
--signe de tête > **a nod**
--acte règlementaire de salutation > **a salute**
--sécurité > **a safety**

UN SANCTUAIRE
-partie de l'église située autour de l'autel > **a sanctuary**
-lieu saint > **a sanctuary**
-(*fig*) espace inviolable > **a sanctuary**

UNE SANGSUE
-animal > **a leech**
-(*fam*) personne avide qui soutire de l'argent par tous les moyens > **a leech**

-(*fam*) personne dont on ne peut se défaire > **a leech**

SANGUIN
-relatif au sang > **blood** ≈
-coléreux et impulsif > **fiery**

(UNE) SANGUINAIRE
-cruel, marqué par des effusions de sang > **bloodthirsty**
--plante > **a bloodroot**

SAPER
-creuser une tranchée sous une construction > **to undermine**
-détruire qqch par une action progressive et secrète > **to undermine**
-user par l'eau à sa base en causant des détériorations ou des éboulements > **to undermine**
-(*fam*) habiller > **to dress**

UNE SARABANDE
-danse > **a sarabande**
-pièce instrumentale > **a sarabande**
-désordre, vacarme dû à des jeux bruyants > **a hullabaloo**

UNE SARDINE
-poisson > **a sardine**
-piquet de tente de camping > **a peg**
-(*argot militaire*) galon de sous-officier > **a stripe**

(UN) SARDINIER
-relatif à la sardine > ≈ **sardine**
--bateau pour la pêche à la sardine > **a sardine boat**
--pêcheur de sardine > **a sardine fisher**
--personne travaillant à la mise en conserve de la sardine > **a sardine cannery worker**

DU / UN SARRASIN
-céréale > **buckwheat**
--musulman pour les occidentaux du Moyen-Âge > **a Saracen**

UN SARRAU
-tablier d'enfant boutonné derrière > **a smock**
-large blouse de travail > **overalls**

UN SAS
-partie d'un canal comprise entre deux portes d'une écluse > **a lock**
-espace entre deux portes permettant la sécurité d'un lieu > **a double door**
-zone munie de deux portes étanches mettant en relation deux milieux différents > **an airlock**
-tamis > **a sieve**

UN SATYRE
-créature mythologique à corps de bouc > **a Satyr**
-exhibitionniste > **a flasher**
-papillon > **a wall brown**

SAUCISSONNER
-découper en tranches > **to slice**
-attacher, ficeler > **to tie up**
-(*fam*) prendre un repas froid sur le pouce > **to picnic**

SAUF
-(*adj*) sauvé, tiré d'un péril > **safe**
-(*adv*) à l'exclusion de, excepté > **exept**

SAUVAGE
-non apprivoisé > **wild**
-qui pousse naturellement sans être cultivé > **wild**
-se dit d'un lieu inculte et désert > **unspoiled**
-féroce, violent > **savage**
-qui s'organise spontanément en dehors des lois > **unauthorized**
-(*fig*) qui fuit la société des hommes > **unsociable**

UN SAUVAGEON
-jeune arbre qui a poussé sans avoir été cultivé > **a wildling**
-enfant farouche > **a wild child**

SAVAMMENT
-avec érudition > **learnedly**
-avec habileté > **skilfully**

UNE / LA SAVATE
-chaussure > **a shoe**
-pièce de bois sur laquelle repose un navire lors de son lancement > **a sole plate**
--sport de combat > **the French boxing**

UN SAVON
-produit de nettoyage > **a soap**
-(*fam*) sévère réprimande > **a telling-off**

SCABREUX
-dangereux, difficile > **risky**
-licencieux > **scabrous**

(UN) SCALAIRE
-en mathématiques > **scalar**
--poisson > **an angelfish**

SCALÈNE
-concernant les trois muscles du cou > **scalenus**
-se dit d'un triangle dont les trois côtés sont de longueurs inégales > **scalene**

SCELLER
-fermer hermétiquement > **to seal**
-cacheter une lettre > **to seal**
-officialiser, ratifier > **to seal**
-fixer dans un matériau > **to embed**

UNE SCÈNE
-partie du théâtre où jouent les acteurs > **a stage**
-estrade > **a stage**
-subdivision d'un acte d'une pièce ou d'un spectacle > **a scene**
-situation à laquelle on assiste en simple spectateur > **a scene**
-querelle violente > **a scene**

SCIER
-couper avec une scie > **to saw**

-(*fam*) étonner vivement > **to amaze**

UNE SCLÉROSE
-fibrose > **a sclerosis**
-incapacité à évoluer, à s'adapter à une nouvelle situation > **a fossilization**

DU SCOTCH
-ruban adhésif > **tape**
-whisky écossais > **scotch**

UN / DU SCRIPT
-scénario > **a script**
--type d'écriture manuscrite > **script**

SCRUPULEUX
-méticuleux > **scrupulous**
-qui manifeste une grande exigence morale > **scrupulous**

(UN) SCRUTATEUR
-qui observe attentivement > **searching**
--personne qui participe au bon déroulement et au dépouillement d'un scrutin > **a scrutineer**

SÉCHER
-rendre sec > **to dry**
-(*fam*) ne pas réviser volontairement > **to skip**
-(*fam*) ne pas savoir répondre > **to be stumped**

UNE SÉCHERESSE
-état de ce qui est sec > **a dryness**
-situation climatique de manque d'eau > **a drought**
-froideur, insensibilité > **a coldness**

(UNE / LA) SECONDE
-(*adj fem*) deuxième > **second**
-signe mathématique comme une double apostrophe > **double prime**
--unité de temps > **a second**
---première année de lycée > **the year eleven (*UK*) / the tenth grade (*USA*)**

SECOUER
-agiter fortement > **to shake**
-causer un choc physique ou moral, affecter > **to shock**

UNE / UN SECRÉTAIRE
-personne chargée de rédiger le courrier, préparer les dossiers… > **a secretary**
--personne qui met par écrit les délibérations d'une assemblée > **a secretary**
--dirigeant d'un parti > **a secretary**
--meuble > **a writting desk**

UN / LE SECTEUR
-domaine d'activité > **a sector**
-subdivision > **a department**
-endroit quelconque > **an area**
-mesure en géométrie > **a sector**
--alimentation électrique > **mains supply**

UNE SECTION
-tranche > **a section**
-division d'un ouvrage > **a section**
-partie d'une voie de communication > **a section**
-ensemble des filières d'un établissement scolaire > **courses**
-groupe local d'adhérents d'un parti > **a branch**
-petite unité militaire élémentaire > **a section**

DU / UN SEL
-condiment > **salt**
-ce qu'il y a de piquant, de savoureux dans un récit > **spice**
--en chimie, contraire d'acide > **a salt**

LA / UNE SELLE
-morceau de viande > **the saddle**
--siège sur le dos d'un cheval > **a saddle**
--siège de vélo ou de moto > **a saddle**
--produit de défécation > **a stool**

UN SEMAINIER
-calendrier > **a page-a-week diary**
-chiffonnier à sept tiroirs > **a chest of seven drawers**
-bracelet à sept anneaux > **a seven band bangle**

UNE / DE LA SEMELLE
-pièce de cuir sous la chaussure > **a sole**
-pièce que l'on place à l'intérieur d'une chaussure > **an insole**
-base d'un objet glissant (*fer à repasser, ski …*) > **a sole**
--viande trop cuite > **a meet tough as old boots**

UNE SEMENCE
-graine > **a seed**
-sperme > **a sperm**
-clou à tête plate > **a tack**

SEMER
-planter des graines > **to sow**
-répandre, propager > **to spread**
-distancer un poursuivant > **to leave behind**

UN SÉMINAIRF
-établissement religieux où l'on instruit les jeunes gens qui se destinent à l'état ecclésiastique > **a seminary**
-réunion de professionnels > **a seminar**

UN SEMIS
-plant qui a été semé en graine > **a seeding**
-mise en place des graines dans un terrain préparé à cet effet > **a sowing**
-terrain semé > **a seedbed**
-ensemble de choses disséminées sur une surface > **a spread**

SENIOR
-qui concerne les plus de 50 ans > **senior**
-en compétition sportive, catégorie entre junior et vétéran > **senior**

-confirmé sur le plan professionnel > **senior**

UN SENS
-l'une des cinq fonctions de perception > **a sense**
-instinct, don > **a sense**
-signification > **a meaning**
-direction, orientation > **a direction**

UNE SENSIBILITÉ
-aptitude à s'émouvoir > **a sensitivity**
-réaction à un stimulus > **a sensitivity**
-tendance d'opinion > **an orientation**
-aptitude d'un instrument de mesure à déceler de très petites variations > **a sensitivity**
-qualité de la netteté (*en photo, vidéo…*) > **a sensitivity**

SENSIBLEMENT
-d'une manière très perceptible > **noticeably**
-presque, à peu de chose près > **roughly**

UNE SENTENCE
-verdict > **a sentence**
-maxime > **a maxim**

UN SENTIMENT
-impression, opinion > **an opinion**
-état affectif > **a feeling**

UNE SÉQUENCE
-suite ordonnée d'éléments > **a sequence**
-scène d'un film > **a footage**

UN SÉQUESTRE
-en médecine, fragment osseux nécrosé et détaché du reste d'un os après fracture > **a sequestrum**
-dépôt provisoire d'un bien litigieux entre les mains d'un tiers > **an escrow**

UN SÉRAIL
-harem des palais ottomans > **a seraglio**

-entourage immédiat d'une personnalité > **an inner circle**

UNE SÉRÉNADE
-concert fait sous la fenêtre de qqun pour lui rendre hommage > **a serenade**
-(*fam*) série de vifs reproches faits en élevant la voie > **a telling off**
-(*fam*) rengaine > **a same old story**

UNE SÉRIE
-suite de choses ayant des caractères communs > **a series**
-feuilleton TV > **a TV series**
-en sport, nom donné aux épreuves éliminatoires > **a heat**

SÉRIEUX
-digne de confiance > **responsible**
-sage, raisonnable > **responsible**
-consciencieux, appliqué > **serious**
-qui ne plaisante pas > **serious**
-grave > **serious**

UNE SERRE
-griffe des oiseaux de proie > **a talon**
-construction légère pour les semis > **a greenhouse**

UN SERVEUR
-employé d'un restaurant ou d'un café > **a waiter**
-joueur qui distribue les cartes > **a server**
-joueur qui met en jeu une balle (*tennis, volley…*) > **a server**
-dispositif informatique qui offre des services > **a server**

UN / LE SERVICE
-aide, faveur > **a favour** (*UK*) / **a favor** (*USA*)
-action d'apporter à table > **a service**
-ensemble des repas pris de façon échelonnée dans une cantine > **a service**
-assortiment de vaisselle > **a set**
-mise en jeu d'une balle > **a serve**

-unité d'une entreprise > a
department
-travail > **a duty**
-messe > **a mass**
--pourboire > **the service**

UNE SERVIETTE
-pièce en éponge pour s'essuyer le
corps > **a towel**
-pièce en tissu pour s'essuyer la
bouche à table > **a napkin**
-protection hygiénique > **a sanitary
towel**
-sacoche porte-documents > **a
briefcase**

UN / DU SÉSAME
-laissez-passer > **a pass**
--céréale > **sesame**

UN SET
-ensemble de choses (*linge…*) > **a set**
-manche d'un match de tennis > **a set**

SEULEMENT
-pas davantage > **only**
-uniquement > **only**
-cependant > **but**

SÉVÈRE
-qui sanctionne sans indulgence >
strict
-d'aspect austère > **austere**
-grave > **serious**

SEVRER
-arrêter l'allaitement maternel > **to
wean**
-désaccoutumer qqun de l'usage d'une
drogue > **to wean sb off**

UN / LE SEXE
-genre (*féminin / masculin*) > **a gender**
-organe sexuel > **(*pl*) genitals**
--sexualité > **sex**

SI
-conjonction > **if**
-adverbe marquant l'intensité > **so**

-oui > **yes**
-note > **ti = B**

UN SIÈGE
-endroit où s'asseoir > **a seat**
-ensemble des deux fesses > **a
bottom**
-endroit où réside une autorité > **a
headquarter**
-endroit > **a place**
-blocus militaire > **a siege**
-fonction dans une assemblée
délibérante > **a seat**

SIFFLER
-produire un son par un petit trou > **to
whistle**
-chanter pour certains oiseaux > **to
whistle**
-faire du bruit avec sa langue pour le
serpent > **to hiss**
-huer > **to boo**
-(*fam*) avaler rapidement un liquide >
to knock back

SIGNIFIER
-vouloir dire > **to mean**
-notifier > **to notify**

UN SILENCE
-absence de bruit > **a silence**
-signe musical > **a rest**

(UN) SILENCIEUX
-qui fait peu de bruit > **quiet**
--appareil fixé sur un pistolet ou un
moteur pour en atténuer le bruit > **a
silencer**

UN SILLON
-trace laissée à la surface d'un champ
> **a furrow**
-rainure gravée à la surface d'un
disque > **a groove**

SIMPLE
-qui n'est formé que d'un seul élément
> **single**
-sans artifice > **simple**

-facile > **easy**
-banal > **mere**
-crédule, innocent > **simple**
-sans prétention > **simple**

(LE) SINGULIER
-étonnant, peu commun > **unusual**
--en grammaire contraire du pluriel >
the singular

(UN) SINISTRE
-inquiétant > **sinister**
-triste et ennuyeux > **dull**
--évènement catastrophique > **a disaster**
--déclaration à une assurance > **an (insurance) claim**

UN SINUS
-cavité anatomique > **a sinus**
-outil mathématique > **a sine**

UNE SIRÈNE
-femme poisson > **a mermaid**
-sonnerie d'alarme > **a siren**

UN SITE
-lieu géographique > **a site**
-ensemble de pages web > **a website**

UNE SITUATION
-localisation > **a location**
-emploi > **a job**
-circonstance > **a situation**

UN SLIP
-sous-vêtement > **briefs**
-plan incliné pour haler à sec les navires > **a slip**

SOBRE
-qui n'a pas bu d'alcool > **sober**
-sans ornement superflu > **sober**

UNE SOCIÉTÉ
-groupe social > **a society**
-entreprise > **a company**

UNE SŒUR
-fille née de mêmes parents > **a sister**
-religieuse > **a sister**

UNE SOIF
-envie de boire > **a thirst**
-désir ardent > **a thirst**

SOIGNER
-traiter > **to treat**
-s'occuper de > **to take care of**

UNE SOIRÉE
-moment de la fin de journée > **an evening**
-fête > **a party**

(UN) SOL
-note > **so / G**
--surface de la terre > **a ground**
--plancher > **a floor**
--monnaie du Pérou > **a Sol**

UN / UNE SOLDE
-différence entre crédit et débit d'un compte > **a balance**
-reliquat d'une somme à payer > **a balance**
--traitement des militaires > **a pay**

UNE SOLE
-poisson > **a sole**
-partie des terres labourables d'une exploitation agricole > **a soil**
-plaque cornée formant le dessous du sabot d'un ongulé > **a sole**
-partie réfractaire d'un four > **an owen bottom**

(UN) SOLITAIRE
-qui aime la solitude > **solitary**
--diamant > **a solitaire**
--jeu > **a solitaire**

SOLUBLE
-qui peut être dissout dans un solvant > **soluble**
-qui peut être résolu > **solvable**

UNE SOLUTION
-résolution d'une difficulté > **a solution**
-dénouement, conclusion > **a solution**
-mélange homogène > **a solution**

SOMBRE
-peu éclairé > **dark**
-foncé > **dark**
-taciturne, morne > **gloomy**
-louche > **dubious**

(UN) SOMMAIRE
-succinct > **brief**
--table des matières > **contents**

UNE / UN SOMME
-résultat d'une addition > **a total**
-quantité d'argent > **a sum**
-quantité > **an amount**
--court sommeil > **a nap**

(UN / DU) SON
-adjectif possessif > **his / her**
--bruit > **a sound**
---résidu de mouture des céréales >
bran

UN SONDAGE
-creusement d'un trou pour prélever
un échantillon > **a drilling**
-en médecine, introduction d'une
sonde pour évacuer un liquide > **a
probing**
-statistique d'opinion > **an opinion
poll**

SOPHISTIQUÉ
-raffiné, étudié > **sophisticated**
-très perfectionné > **sophisticated**

SORDIDE
-d'une saleté repoussante > **squalid**
-qui fait preuve de basse morale >
sordid

UN SORT
-sortilège > **a spell**
-destin > **a fate**
-situation > **a lot**

UNE SOUCHE
-arbre coupé > **a (tree) stump**
-type d'origine (*virus, bactérie…*) > **a
strain**
-partie conservée d'un carnet dont une
partie des feuilles se détachent > **a
counterfoil**

UN SOUCI
-préoccupation > **a worry**
-plante > **a marigold**

UNE SOUCOUPE
-petite assiette sous une tasse > **a
saucer**
-OVNI > **a flying saucer**

SOUDER
-faire une soudure > **to weld**
-unir étroitement > **to bring together**

UN SOUFFLET
-instrument qui sert à souffler de l'air >
a bellows
-partie pliante d'un accordéon > **a
bellows**
-gifle > **a slap**
-couloir flexible de communication
entre deux voitures de train ou de
métro > **a vestibule**
-pli, en couture > **a gusset**

SOUFFRIR
-endurer une peine physique ou
morale > **to suffer**
-tolérer > **to stand sth**

UN SOUK
-marché du Maghreb > **a souk**
-(*fam*) désordre > **a mess**

SOULEVER
-lever à une faible hauteur > **to lift**
-susciter > **to give rise to**
-évoquer, parler de > **to raise**

SOULIGNER
-tirer un trait sous un mot > **to
underline**

-attirer l'attention sur > **to stress**

UN SOUPÇON
-suspicion > **a suspicion**
-très petite quantité > **a hint of**

UN SOUPIR
-forte respiration > **a sigh**
-signe musical > **a crotchet rest** (*UK*)
/ a quarter rest (*USA*)

UNE SOURCE
-lieu d'émergence d'une eau > **a spring**
-personne donnant des informations > **a source**
-origine, cause > **an origin**
-système qui peut fournir de l'énergie > **a source**

SOURD
-qui n'entend pas > **deaf**
-se dit d'un son étouffé > **muffled**

UNE SOURIS
-animal > **a mouse**
-périphérique d'ordinateur > **a mouse**
-pièce de boucherie de mouton > **a knuckle-end**

SOUS-JACENT
-placé dessous > **below**
-caché > **underlying**

UN SOUS-SOL
-couches géologiques sous le sol > **a subsoil**
-partie sous-terraine d'un bâtiment > **a basement**

SOUTENIR
-maintenir > **to underpin**
-aider, réconforter > **to support sb**
-affirmer une opinion > **to maintain**
-résister à (*assaut, choc…*) > **to stand up to**
-présenter une thèse > **to defend**

SOUTENU
-qui ne se relâche pas > **sustained**
-intense pour une couleur > **strong**
-contraire de vulgaire > **formal**

UN SOUVENIR
-réminiscence > **a memory**
-petit objet vendu aux touristes > **a souvenir**
-objet qui rappelle qqch ou qqun > **a keepsake**

(UN) SOUVERAIN
-qui exerce le pouvoir suprême > **sovereign**
-dont l'efficacité est certaine > **excellent**
--monarque > **a sovereign**
--ancienne monnaie d'or d'Angleterre > **a Sovereign (coin)**

UN SPADASSIN
-amateur de duel > **a swordsman**
-tueur à gages > **a hit-man**

SPÉCIAL
-spécifique > **special**
-exceptionnel > **exceptional**
-bizarre, pas commun > **peculiar**

UN SPÉCIALISTE
-expert > **a specialist**
-médecin > **a specialist**

UNE SPÉCIALITÉ
-domaine de prédilection > **a field**
-produit typique (*d'une région, d'un restaurant…*) > **specialty**
-médicament princeps contrairement au générique > **a band-name pharmaceutical product**
-branche de la médecine > **a specialty**
-(*fam*) manie particulière > **a peculiar way**

UN SPECTRE
-fantôme > **a ghost**
-ensemble des radiations monochromatiques > **a spectrum**

UNE SPÉCULATION
-opération financière > **a speculation**
-pensée abstraire faite d'hypothèses >
a speculation

UNE SPHÈRE
-forme géométrique > **a sphere**
-domaine d'activité > **a field**

SPIRITUEL
-qui est de l'ordre de l'esprit, de l'âme
> **spiritual**
-relatif à la religion > **spiritual**
-qui manifeste de la vivacité d'esprit,
de l'humour > **witty**

UN STADE
-terrain sportif > **a stadium**
-période d'un développement > **a
stage**

UN / DU STAFF
-équipe > **a staff**
-groupe formé par les dirigeants d'une
entreprise > **a staff**
--mélange de plâtre à mouler et de
fibres végétales > **staff**

STAGNER
-rester immobile pour de l'eau, ne pas
couler > **to stagnate**
-ne faire aucun progrès > **to stagnate**

UNE STALLE
-emplacement cloisonné occupé par
un animal dans une écurie > **a stall**
-chacun des sièges de bois placés des
deux côtés du chœur de certaines
églises > **a stall**

UN STAND
-endroit aménagé pour le tir sur cible >
a range
-espace réservé à chacun des
participants d'une exposition > **a stand**
-poste de ravitaillement d'un véhicule
dans une épreuve sur piste > **a pit**

(UN) STANDARD
-courant, habituel > **standard**
--appareil de liaison téléphonique > **a
switchboard**
--thème classique de jazz > **a classic**

UNE STATION
-posture, attitude > **a position**
-arrêt de durée variable au cours d'un
déplacement > **a stop**
-lieu d'arrêt d'un transport en commun
> **a station**
-établissement de recherche
scientifique > **a station**
-lieu d'émission de radio ou de TV > **a
station**
-ville de vacances > **a resort**
-station-service > **a service station**

(UNE) STELLAIRE
-relatif aux étoiles > **stellar**
-rayonné > **stellar**
--plante > **a stitch wort**

STÉRILE
-infécond > **sterile**
-pour un sol, exempt de tout germe >
barren
-improductif > **vain**
-aseptique > **sterile**

UNE STÉRILISATION
-destruction des microbes > **a
sterilization**
-opération visant à rendre un individu
infécond > **a sterilization**

UN STICK
-canne flexible > **a walking stick**
-conditionnement en bâton > **a stick**

UN STIGMATE
-trace > **a mark**
-partie supérieure du pistil qui reçoit le
pollen > **a stigma**
-orifice respiratoire des trachées chez
les insectes et les arachnides > **a
spiracle**

STRICT
-rigoureux, sévère > **strict**
-sobre, sans fioriture > **sober**

UN STUDIO
-petit appartement > **a studio**
-local de photographie > **a studio**
-salle de répétition de danse > **a studio**
-salle d'enregistrement de musique > **a studio**
-groupe de bâtiments aménagés pour le tournage des films > **a studio**

(UN) STUPÉFIANT
-très étonnant > **astonishing**
--drogue > **a drug**

UNE STUPEUR
-grand étonnement > **an astonishment**
-terme de psychiatrie : hébétitude > **a stupor**

UN STYLET
-petit poignard > **a stiletto**
-petite tige pour sonder une fistule > **a probe**
-stylo pour écran tactile > **a stylus**

SUBLIMER
-faire passer directement de l'état solide à l'état gazeux > **to sublimate**
-magnifier > **to channel**

SUBMERGER
-inonder > **to submerge**
-dépasser, déborder > **to overwhelm**

UNE SUCCESSION
-suite de choses ou de personnes > **a succession**
-remplacement de qqun > **a replacement**
-ensemble des biens qu'une personne laisse en mourant > **an estate**

SUCCOMBER
-mourir > **to die**
-céder à (*tentation…*) > **to give in to**

SUCCULENT
-délicieux > **delicious**
-se dit d'une plante possédant des organes charnus et riches en eau > **succulent**

SUCRER
-ajouter du sucre > **to sweeten**
-(*fam*) supprimer > **to stop**

(UN / LE) SUÉDOIS
-de Suède > **Swedish**
--habitant de Suède > **a Swede**
---langue parlée en Suède > **Swedish**

SUER
-sécréter de la sueur > **to sweat**
-en cuisine, faire suinter en cuisant > **to sweat**
-(*fam*) se donner beaucoup de peine > **to sweat**

SUFFISANT
-qui est en assez grande quantité > **enough**
-prétentieux > **arrogant**

UNE SUITE
-succession de choses > **a series**
-épisode suivant > **a follow-up**
-conséquence > **a consequence**
-entourage > **a retinue**
-chambre luxueuse dans un hôtel > **a suite**
-séquence mathématique > **a sequence**

SUIVANT
-prochain > **next**
-conformément à > **according to**
-le long de > **following**

(UN) SUJET
-enclin à > **to be prone to**
--fonction grammaticale > **a subject**
--thème, matière à réflexion > **a subject**
--être humain que l'on soumet à des observations > **a subject**
--personne soumise à l'autorité d'un souverain > **a subject**

UNE SULTANE
-épouse d'un sultan > **a sultana**
-lit de repos > **a sultana**

(DU) SUPER
-formidable > **great**
--carburant > **gasoline**

(UNE) SUPERBE
-magnifique > **beautiful**
--assurance orgueilleuse > **an arrogance**

(UN) SUPÉRIEUR
-situé au-dessus > **upper**
--chef > **a supervisor**

SUPPORTER
-empêcher de tomber > **to underpin**
-endurer avec patience > **to bear**
-tolérer la présence ou l'attitude de qqun > **to tolerate**
-prendre en charge > **to bear**
-apporter son soutien, encourager > **to support**
-résister > **to resist**

SUPPRIMER
-faire cesser > **to remove**
-tuer > **to eliminate**
-déprogrammer > **to cancel**

SÛR
-digne de confiance > **reliable**
-sans danger > **safe**
-vrai, exact, certain > **sure**

SURBOOKÉ
-qui fait l'objet d'une surréservation > **overbooked**
-débordé > **overworked**

UNE SURFACE
-face externe d'un corps > **a surface**
-toute étendue d'une certaine importance > **a surface**
-superficie > **a surface area**
-(*fig*) apparence des choses > **an appearance**

SURFER
-faire du surf > **to surf**
-se laisser porter par une conjoncture favorable > **to ride**
-naviguer sur internet > **to surf**

SURPASSER
-faire mieux > **to outperform**
-excéder les forces, les ressources > **to exceed**

SURPRENDRE
-prendre sur le fait > **to catch**
-étonner > **to surprise**

UNE SURPRISE
-étonnement > **a surprise**
-évènement inattendu > **a surprise**
-cadeau inattendu > **a surprise**

UN SURSAUT
-tressaillement > **a twitch**
-regain subit > **a burst**

UN SURVOL
-vol au-dessus de qqch > **a flight over**
-examen rapide et superficiel > **a skimming over**

SUSPENDRE
-fixer en haut et laisser pendre > **to hang up**
-interrompre momentanément > **to suspend**
-retirer temporairement ses fonctions > **to suspend**

UNE SUSPENSION
-action d'attacher et de laisser pendre
> a hanging
-mécanisme d'amortissement de
voiture **> a suspension**
-luminaire suspendu au plafond **> a
ceiling light fitting**
-interruption **> a suspension**
-interdiction momentanée d'exercer
(*un sport, une profession…*) **> a
suspension**

UN SWING
-mouvement du golfeur **> a swing**
-manière d'exécuter le jazz **> a swing**
-coup en boxe **> a swing**

SYMPATHIQUE
-agréable, avenant **> friendly**
-se dit de l'un des deux systèmes
nerveux végétatifs **> sympathetic**

UNE SYNCOPE
-perte de connaissance **> a syncope**
-procédé musical rythmique **> a
syncopation**
-en stylistique, retranchement de
lettres d'une syllabe dans le corps d'un
mot (ex : un p'tit bonhomme) **> a
syncope**

UNE SYNTHÈSE
-fabrication d'une substance **> a
synthesis**
-opération intellectuelle **> a synthesis**
-résumé **> a summary**

T*t* T*t* T*t*

ooooooooooooooooooooooooooooooooooooooooooooooooooooooooooooooooo

(DU / UN) TABAC
-couleur brun roux > **buff**
--plante > **tabacco**
---magasin où on vend des cigarettes
> **a tobacconist's shop**

UNE TABLE
-meuble > **a table**
-restaurant > **restaurant**
-liste de données > **a table**

TABLEAU
-panneau mural d'information > **a board**
-œuvre picturale > **a painting**
-liste d'informations classées dans des cases > **a table**
-description, spectacle qui s'offre à la vue > **a picture**
-subdivision d'une pièce de théatre > **a scene**
-liste des membres d'un ordre professionnel > **a roll**

UNE TABLETTE
-outil numérique > **a tablet**
-plaquette alimentaire (*beurre, chocolat…*) > **a bar**
-planche pour étagère > **a shelf**

UN TABLIER
-vêtement de protection > **an apron**
-partie d'un pont > **a bridge deck**

UNE TACHE
-marque > **a mark**
-salissure > **a stain**
-coloration anormale > **a spot**

LE TACT
-sens du toucher > **touch**
-délicatesse > **tact**

UNE TAILLE
-hauteur du corps > **a height**
-dimension > **a size**
-partie du corps à la jonction du thorax et de l'abdomen > **a waist**
-action de couper les végétaux > **a pruning**
-tranchant d'une épée > **an edge**
-façonnage d'une pierre précieuse > **a cutting**

UN / EN TAILLEUR
-artisan qui fait des vêtements sur mesure > **a tailor**
-personne spécialisée dans la coupe et le façonnage de certain matériau > **a cutter**
-tenue féminine > **a suit**
--position assise genoux pliés > **cross-legged**

UNE TALOCHE
-outil > **a trowel**
-(*fam*) coup donné sur la tête > **a slap**

UN TALON
-partie postérieure du pied > **a heel**
-partie d'une chaussette ou d'une chaussure > **a heel**
-extrémité arrière du ski > **a heel**
-extrémité d'un jambon > **a heel**
-partie non détachable d'un carnet à souches, d'un chèquier > **a stub**
-pioche au jeu de carte > **a pile**

UN TAMARIN
-fruit laxatif > **a tamarind**
-petit singe > **a tamarin**

UN TAMBOUR
-instrument de musique > **a drum**
-musicien > **a drummer**
-intérieur d'une machine à laver > **a drum**
-cylindre sur lequel s'enroule un cable > **a drum**

UN TAMIS
-cadre tendu d'un réseau de mailles > **a sieve**
-surface de cordage d'une raquette de tennis > **strings**

TAMISER
-passer une substance au tamis > **to sieve**
-diminuer l'intensité de la lumière > **to dim (a light)**

UN TAMPON
-petite masse de coton roulé > **a wad**
-plaque gravée que l'on encre > **a stamp**
-ce qui se trouve entre deux forces hostiles afin d'atténuer les heurts > **a buffer**
-mélange de solutions en chimie > **a buffer**
-dispositif menstruel intra-vaginal > **a tampon**

TAMPONNER
-marquer un document grâce à un tampon > **to stamp**
-essuyer > **to dab**
-heurter avec violence (*véhicules…*) > **to crash into**
-dissoudre dans un liquide les corps nécessaires pour en faire une solution tampon > **to buffer**

UN TANDEM
-vélo à deux selles > **a tandem**
-duo > **a pair**

TANDIS QUE
-marque la simultanéité > **while**
-marque l'opposition, le contraste > **whereas**

(UN) TANGO
-de couleur orange foncé > **bright orange**
--danse > **a tango**
--demi de bière avec de la grenadine > **a beer with grenadine syrup**

TANER
-préparer les cuirs > **to tan**
-(*fam*) harceler qqun > **to pester sb**

UNE TAPE
-coup donné avec la main > **a slap**
-panneau de tôle ou de bois sur un bateau qui sert à obturer une ouverture > **a tampion**

TAPER
-frapper > **to hit**
-écrire à la machine > **to type**
-(*fam*) chercher à obtenir qqch de qqun > **to cadge sth from sb**

UNE TAPETTE
-petite claque de la main > **a little slap**
-petit objet servant à écraser les mouches > **a fly swatter**
-piège à souris > **a mousetrap**
-(*argot*) homosexuel > **a faggot**

TAPISSER
-recouvrir un mur de papier peint > **to paper**
-revêtir une surface d'une couche continue > **to cover**

TARABUSTER
-harceler qqun en lui formulant toujours la même demande > **to pester sb**
-préoccuper > **to bother**

TARDIF
-qui vient tard > **late**
-qui se situe à une heure avancée > **late**
-se dit d'une variété de végétal fleurissant ou murissant plus tard > **late**

UNE TARE
-défaut physique ou psychologique > **a defect**
-masse pour étalonner une balance > **a tare**

(UNE) TARTE
-(*fam*) stupide, ridicule > **dumb**
--préparation culinaire > **a tart**
--(*fam*) gifle > **a slap**

(UNE) TAUPE
-couleur gris brun > **taupe**
--animal > **a mole**
--engin de génie civile pour construire des tunnels > **a mole**
--agent secret > **a mole**

TAXER
-soumettre à un impôt > **to tax**
-soutirer > **to cadge**
-(fam) accuser, qualifier qqun de qqch > **to call sb sth**

UN TÉGUMENT
-ensemble des tissus qui couvrent le corps des hommes et des animaux > **a tegument**
-enveloppe des graines > **a tegument**

UNE TEIGNE
-mite > **a moth**
-dermatose > **a ringworm**
-(*fam*) personne méchante > **a nasty piece of work**

(UN) TEINT
-qui a reçu une teinture > **dyed**
--coloris et aspect de la peau du visage > **a complexion**

UNE TEINTURE
-action de teindre > **a dye**
-coloration pour cheveux ou vêtements > **a dye**
-préparation pharmaceutique > **a tincture**

UN TÉMOIN
-personne qui a vu ou entendu qqch > **a witness**
-personne qui atteste de l'exactitude d'un acte officiel > **a witness**
-personne chargée de régler les conditions d'un duel > **a second**
-petit bâton qui se passe entre coureur de relais > **a baton**
-exemplaire de référence lors d'une expérience > **a control**
-invité particulier dans un mariage > **a best man**

UNE / DE LA TEMPÉRATURE
-mesure de la chaleur > **a temperature**
--fièvre > **fever**

TEMPOREL
-qui se situe dans le temps > **temporal**
-contraire de spirituel > **temporal**

TENDRE
-mou > **soft**
-qui manifeste de l'amour > **tender**
-tirer et maintenir dans un état d'allongement > **to stretch**
-avancer une partie du corps > **to extend**

TÉNÉBREUX
-plongé dans les ténèbres > **dark**
-mystérieux > **mysterious**
-d'humeur sombre > **gloomy**

LE / UNE TENNIS
-sport > **tennis**
--chaussures de sport > **trainers** (*UK*) / **sneakers** (*USA*)

UNE TENSION
-traction exercée sur une substance élastique > **a tension**
-nervosité > **a nervous tension**
-situation tendue pouvant dégénérer > **a tension**
-pression sanguine > **a blood pressure**
-mesure d'électricité de potentiel > **a voltage**

TENTER
-essayer > **to try**
-exciter le désir > **to tempt**

UNE TENUE
-organisation > **a keeping**
-gestion, administration > **a running**
-comportement > **manners**
-ensemble de vêtements assortis > **an outfit**

UN TERME
-fin > **an end**
-date de fin > **a deadline**
-date prévue d'accouchement > **a (presumed) date of birth**
-mot de vocabulaire > **a term**

(UN) TERMINAL
-final > **final**
-relatif à la fin de vie > **terminal**
--ensemble des installations de pompage et de stockage situées à une extrémité de pipeline > **a gas terminal**
--gare, aérogare > **a terminal**
--organe d'accès à un ordinateur situé à distance > **a terminal**

UN TERRAIN
-étendue de terre > **a land**
-lieu où se déroulent des activités sportives > **a pitch**
-lieu où se déroulent des opérations militaires > **a ground**
-contexte > **a background**
-ensemble des prédispositions génétiques d'un individu > **a ground**

UNE TERRASSE
-avancée extérieure de maison > **a terrace**
-extérieur de café, de restaurant > **a terrace**
-relief de paysage > **a terrace**

TERRIBLE
-effroyable, tragique > **terrible**
-extraordinaire, formidable > **terrific**

UN TERRIER
-abri creusé par un animal > **a burrow**
-chien > **a Terrier**

UNE TERRINE
-récipient à couvercle pour faire cuire les pâtés > **a terrine dish**
-pâté de viande ou de poisson > **a terrine**

UN TEST
-épreuve d'évaluation > **a test**
-examen diagnostique > **a test**
-tentative > **a test**

UNE TÊTE
-extrémité supérieure du corps d'un homme > **a head**
-visage > **a face**
-tir au football > **a header**
-personne ou groupe qui dirige > **a leader**
-animal dans un troupeau > **a head**
-partie supérieure de qqch > **a top**
-partie la plus en avant de qqch > **a front**
-personne intelligente > **a brain box**

UNE TÉTINE
-embout de biberon > **a teat** (*UK*) / a **nipple** (*USA*)
-embout en caoutchouc que l'on fait sucer aux bébés > **a dummy** (*UK*) / a **pacifier** (*USA*)
-mamelle de mammifère > **a teat**

UN / LE THÉATRE
-lieu de représentation > **a theatre
(*UK*) / a theater (*USA*)**
-ensemble des pièces d'un auteur > **a
theatre (*UK*) / a theater (*USA*)**
-endroit où se passent des
évènements > **a scene**
--art dramatique > **theatre (*UK*) /
theater (*USA*)**

UNE THÈSE
-théorie > **a theory**
-ensemble des travaux pour l'obtention
du titre de docteur > **a thesis**

UNE TIÉDEUR
-température tiède > **a warmth**
-manque d'enthousiasme > **a
coolness**

UN TIERS
-1/3 > **a third**
-personne étrangère à un groupe > **a
third party**

UNE TIGE
-axe d'une plante > **a stem**
-objet mince et allongé en métal > **a
rod**
-tube cylindrique utilisé dans le forage
du pétrole > **a drill pipe**
-partie supérieure de la chaussure qui
habille le dessus du pied, la cheville et
plus ou moins la jambe > **an upper**

UNE TIGRESSE
-femelle du tigre > **a tigress**
-femme agressive d'une grande
jalousie > **a tigress**

UNE TIMBALE
-gobelet en métal > **a metal tumbler**
-instrument de musique à percussion >
a kettle drum
-en cuisine, moule rond et haut > **a
timbale mould**

UN TIMBRE
-vignette > **a stamp**
-qualité particulière du son > **a timbre**

DU TINTOUAIN
-(*fam*) vacarme > **racket**
-(*fam*) souci > **hassle**

UN TIRAGE
-dépression à l'entrée d'une cheminée
qui engendre un courant d'air
ascendant dans le conduit > **a
draught**
-prélèvement au hasard > **a draw**
-ensemble des exemplaires d'un
ouvrage > **a circulation**
-développement d'une photo > **a
printing**
-dépression thoracique en cas
d'insuffisance respiratoire > **a labored
breathing**

UN TIREUR
-personne qui tire avec une arme à feu
> **a gunman**
-personne qui encaisse un chèque > **a
drawer**
-lanceur de balle > **a thrower**

DU / UN TISSU
-textile > **fabric**
--ensemble cellulaire concourant à la
même fonction > **a tissue**
--environnement (*social, industriel…*) >
a fabric

UN TITAN
-personne d'une puissance
extraordinaire > **a titan**
-énorme capricorne de l'Amazonie > **a
titan beetle**

UN TITRE
-entête > **a title**
-dénomination d'une charge, d'une
fonction, d'un rang > **a title**
-document établissant un droit > **a title**

-action, part sociale > **a security**
-proportion de métal précieux dans un alliage > **a titre**
-concentration d'une solution chimique > **a titre**

TITRÉ
-anobli > **titled**
-en chimie, se dit d'une solution dont la concentration est connue > **titrated**

UN TOAST
-brève allocution invitant à boire à la santé de qqun > **a toast**
-tranche de pain grillée > **a piece of toast**

UN TOBOGGAN
-piste glissante utilisée comme jeu > **a slide**
-glissière pour les marchandises > **a slide**
-viaduc routier pour faire une circulation à deux niveaux > **an overpass**
-glissière pour sortir d'un avion en cas d'urgence > **a (emergency) slide**

(UN) TOCARD
-nul, mauvais > **naff**
--cheval de course médiocre > **an old nag**
--(*fam*) personne incapable > **a geek**

UNE TOGE
-vêtement d'apparat chez les romains > **a toga**
-robe officielle (*de magistrat, avocat, professeur…*) > **a robe**

UNE / LA / DE LA TOILE
-support pour peindre > **a canvas**
-peinture, tableau > **a painting**
-film projeté au cinéma > **a film**
-ouvrage d'araignée > **a spider web**
-voilure d'un navire > (*pl*) **sails**
--web > **the web**
---tissu > **canvas**

UNE TOILETTE
-ensemble des soins de propreté du corps > **a wash**
-ensemble des vêtements et des accessoires utilisés pour s'habiller > **an outfit**

TOISER
-mesurer avec une toise > **to mesure with a measuring rod**
-regarder qqun de haut avec dédain > **to look sb up and down**

UNE TOISON
-laine d'un mouton > **a fleece**
-(*fam*) chevelure abondante > **a mane**

UN TOIT
-couverture d'un bâtiment > **a roof**
-partie de la carrosserie d'une voiture qui recouvre l'habitacle > **a roof**
-(*fig*) maison, habitation > **a home**

UN TÔLIER
-personne qui effectue des travaux de tôlerie > **a cheet metal worker**
-(*fam*) patron d'une entreprise > **a boss**
-(*fam*) patron d'un hôtel peu recommandable > **a boss**

UNE TOMATE
-fruit > **a tomato**
-boisson à base de pastis et de granadine > **a pastis drink with grenadine**

(UN) TON
-adjectif possessif > **your**
--intonation > **a tone**
--degré de couleur > **a tone**

UNE TONDEUSE
-appareil pour couper le gazon > **a (lawn) mower**
-appareil pour couper la barbe et les cheveux > (*pl*) **clippers**
-appareil pour raser les animaux > (*pl*) **shears**

TONIQUE
-qui a du tonus > **lively**
-qui a un effet stimulant > **tonic**
-se dit d'une lotion destinée à rafermir la peau et ressérer les pores > **tonic**
-en phonétique, se dit de la marque du ton ou de l'accent > **tonic**

UN TONNEAU
-gros fût de bois > **a barrel**
-culbute d'un véhicule qui fait un tour sur lui-même > **a roll over**
-figure de voltige aérienne > **a roll**

UN TONUS
-état de la contraction musculaire > **a (muscle) tone**
-dynamisme > **an energy**

UN / LE TOP
-signal de départ > **a beep**
-haut féminin > **a top**
-mannequin > **a top model**
--le mieux > **the best**

TORCHER
-(*fam*) exécuter qqch mal et à la hâte > **to botch sth up**
-essuyer les fesses > **to wipe**

UN TORCHON
-rectangle de toile > **a cloth**
-texte écrit sans soin > **a rag**
-journal méprisable > **a rag**

UNE TORPILLE
-poisson > **a torpedo ray**
-explosif sous-marin > **a torpedo**

TORPILLER
-faire couler un bateau à l'aide d'une torpille > **to torpedo**
-faire échouer un projet par des manœuvres secrètes > **to torpedo**

UN TORRENT
-cours d'eau de montagne > **a torrent**
-écoulement abondant > **a flood**

TORRIDE
-très chaud > **baking**
-très érotique > **hot**

AVOIR / UN TORT
-ne pas avoir raison > **to be wrong**
--responsabilité d'un acte blâmable > **a wrong**
--préjudice > **a harm**

TORTUEUX
-sinueux > **winding**
-qui manque de loyauté, de franchise > **devious**

TOUCHANT
-concernant > **concerning**
-attendrissant > **touching**

(LE / UN) TOUCHER
-entrer en contact avec > **to touch**
-percevoir > **to get**
-blesser par un coup porté > **to hit**
-concerner > **to concern**
-émouvoir > **to affect**
--sens proprioceptif > **touch**
---impression produite par qqch que l'on tâte > **a contact**
---en médecine, examen clinique d'une cavité > **an examination**
---en musique caractère du jeu d'un instrument > **a touch**
---en sport, manière de frapper une balle > **a touch**
---note personnelle > **a touch**

UN / UNE TOUR
-circonférence > **a circumference**
-unité d'angle > **a turn**
-promenade à pied > **a walk**
-promenade en vélo > **a ride**
-promenade en général (*faire un tour*) > **a wander around (*to go for a wander around*)**
-exercice qui exige de l'habileté (*tour de force, de magie…*) > **a feat**
-supercherie > **a trick**
-machine de potier > **a (potter's) wheel**

-moment dans une succession (*c'est mon tour*) > **a turn** (*it's my turn*)
-évolution d'une situaton, tournure > **a twist**
--bâtiment construit en hauteur > **a tower**
--pièce aux échecs > **a rook**

TOURMENTÉ
-en proie à l'angoisse > **restless**
-qui a des irrégularités nombreuses et brusques > **rugged**
-qui manque de simplicité, guindé > **stilted**
-agité, troublé (*époque…*) > **troubled**

(UN) TOURNANT
-conçu pour pivoter sur lui-même > **revolving**
-qui contourne, prend à revers > **from rear**
--moment ou évènement qui marque un changement > **a turn**
--virage > **a bend**

TOURNER
-faire un mouvement de rotation autour d'un axe > **to twist**
-changer de direction > **to bend**
-faire un film > **to make a film**
-formuler > **to express**
-être en fonctionnement > **to work**
-se décompose en parlant d'un aliment > **to sour**

UNE TOURNURE
-orientation que prend une situation > **a turn**
-aspect > **an appearance**
-manière dont les mots sont agencés dans une phrase > **a structure**
-jupon à armatures métalliques faisant bouffer la jupe vers l'arrière du corps > **a bustle**
-déchet métallique détaché d'une pièce pendant l'usinage > **a turning**

UN TOURTEAU
-résidu solide obtenu lors du traitement des graines et des fruits oléagineux, utilisé pour l'alimentation des animaux domestiques > **a cattle cake**
-gros pain de forme ronde > **a baked cheesecake**
-gros crabe > **an edible crab**
-en héraldique, petit disque circulaire, toujours de couleur > **a roundel**

UNE TRACE
-empreinte, marque > **an evidence**
-quantité minime > **a trace**

UNE TRACTION
-action d'une force motrice > **a tensile strength**
-mouvement de gymnastique consistant à soulever son corps suspendu à une barre > **a pull up**
-voiture > **a front-wheel drive**

UN TRAFIC
-commerce illégal et clandestin > **a traffic**
-(*fam*) activité mystérieuse et compliquée > **a scheme**
-intensité de circulation de véhicules (*trains, voitures, avions…*) > **a traffic**

UNE TRAGÉDIE
-pièce de théâtre > **a tragedy**
-évènement dramatique > **a tragedy**

UN TRAIN
-véhicule ferroviaire > **a train**
-suite d'évènements ou de choses > **a train of**
-allure, manière de progresser > **a speed**
-membre d'un animal > **a quarter**

UNE TRAINÉE
-trace laissée derrière un objet > **a trail**
-(*injure*) prostituée > **a slut**

TRAÎNER
-déplacer qqch en le faisant glisser par terre > **to drag**
-pendre jusqu'au sol > **to drag on (the ground)**
-emmener partout avec soi > **to drag around**
-emmener qqun de force > **to drag sb**
-être en désordre, ne pas être à sa place > **to lie about**
-flâner > **to dawdle**
-s'attarder inutilement > **to drag on**

UN TRAIT
-ligne > **a line**
-marque de caractère > **a trait**
-marque caractéristique concernant le physique > **a feature**
-corde avec laquelle un animal attelé tire sa charge > **a harness**
-gorgée de boisson absorbée > **a gulp**
-projectile lancé à la main avec une arme de jet > **a bolt**
-répartie, remarque spirituelle > **a witticism**

UNE TRAITE
-action de traire > **a milking**
-échéance de crédit > **a mortgage**
-trafic > **a trade**

(UN) TRAITÉ
-soigné > **treated**
-insulté > **called**
-considéré comme > **treated**
--ouvrage didactique > **a treatise**
--convention écrite entre deux ou plusieurs états > **a treaty**

UN TRAITEMENT
-médication > **a treatment**
-rémunération d'un fonctionnaire > **a salary**
-manière de se comporter avec (*ex : un traitement de faveur*) > **a treatment (ex : a preferential treatment)**

TRAITER
-soigner > **to treat**

-agir envers qqun > **to treat sb**
-injurier qqun > **to call sb sth**
-négocier > **to deal**
-asperger d'insecticide > **to treat**
-soumettre une matière première à des opérations de transformation > **to process**

(UN) TRANCHANT
-qui coupe > **sharp**
-brusque, cassant > **curt**
--côté coupant d'une lame > **an edge**

UNE TRANCHE
-morceau d'aliment coupé > **a slice**
-chacun des trois côtés rognés de l'épaisseur d'un livre relié > **an edge**
-section d'un objet > **a section**
-chacune des parties successives d'une opération de longue durée > **a stage**
-strate, catégorie > **a bracket**

TRANCHER
-découper > **to slice**
-résoudre en prenant une décision > **to decide**

UN TRANSFERT
-action de déplacer qqch > **a transfer**
-en sport, changement de club d'un joueur professionnel > **a transfer**
-phénomène psychologique d'un patient vers son thérapeute > **a transfer**

TRANSFORMER
-rendre qqch différent, faire changer d'état > **to transform**
-au rugby, réussir après un essai > **to convert**

UN TRANSIT
-régime de franchise des droits de douane pour les marchandises qui traversent le territoire sans s'y arrêter > **a transit**
-escale entre deux moyens de transport > **a transit**

-progression du contenu du tube
digestif > **a digestion**

TRANSMETTRE
-communiquer ce qu'on a reçu > **to pass on**
-contaminer > **to give**
-faire passer un message > **to relay**

TRANSPIRER
-suer > **to sweat**
-être divulgué, commencer à être
connu > **to disclose**

UNE TRANSPLANTATION
-action de déplacer à un autre endroit
> **a transplantation**
-greffe chirurgicale > **a transplant**

TRANSPORTER
-porter d'un lieu vers un autre > **to carry**
-exalter > **to fill with enthusiasm**

UN / LE TRAPÈZE
-quadrilatère > **a trapezium**
-agrès de gymnastique > **a trapeze**
--muscle du dos > **the trapezius**
--premier os de la deuxième rangée du
carpe > **the trapezium**

UNE TRAPPE
-panneau qui ferme une ouverture
pratiquée dans le sol > **a trapdoor**
-piège qui fonctionne quand l'animal
met son pied dessus > **a trap**

UN / LE TRAQUENARD
-piège > **a trap**
--en équitation, trot désuni > **the rack**

UN TRAQUEUR
-personne qui poursuit > **a tracker**
-sujet au trac > **a person with stage fright**

UN TRAVAIL
-effort pour accomplir une tâche > **a work**

-ouvrage réalisé ou qui est à faire > **a work**
-activité professionnelle > **a job**
-énergie fournie par une force > **a work**
-accouchement > **a labour (*UK*) / a labor (*USA*)**
-machine servant à maintenir les
grands animaux domestiques pendant
qu'on les ferre ou qu'on les soigne > **a shoeing stock**

UN TRAVERS
-petit défaut > **a quirk**
-en boucherie, morceau de porc > **a rib**
-côté flanc d'un navire > **a side**

TRAVESTIR
-déguiser > **to disguise**
-falsifier, déformer > **to misrepresent**

UN TRÉBUCHET
-piège pour les petits oiseaux > **a bird trap**
-petite balance de précision > **a jeweller's scale**
-pièce d'artillerie > **a trebuchet**

(UN) TRÈFLE
-une des quatre couleurs du jeu de
carte > **clubs**
--plante > **a clover**

UNE TREMPE
-en métallurgie, traitement thermique
d'un produit métallique ou du verre > **a hardening**
-fermeté morale face aux évènements
> **a calibre (*UK*) / a caliber (*USA*)**
-(*fam*) fessée, volée de coups > **a spanking**

TREMPÉ
-abondamment mouillé > **soaked**
-se dit d'un métal ou d'un verre qui a
subi une opération de trempe >
tempered

UNE TRÊVE
-cessation temporaire des hostilités >
a truce
-répit > **a rest**

UN TRIANGLE
-polygone > **a triangle**
-instrument de musique > **a triangle**

UNE TRIBUNE
-estrade d'où un orateur s'adresse à
une assemblée > **a rostrum**
-gradin > **a stand**
-forum > **a forum**

UN / LE TRICOT
-vêtement de corps > **a sweater**
--technique d'ouvrage de la laine > **the knitting**

TRINQUER
-boire après avoir choqué les verres >
to toast
-(fam) subir un dommage, un
désagrément > **to get it in the neck**

(UN) TROGNON
-mignon > **sweety**
--cœur d'un fruit > **a core**

UN TROMBONE
-instrument de musique > **a trombone**
-attache pour papier > **a paper clip**

TROMPÉTER
-jouer de la trompette > **to trumpet**
-pousser son cri pour l'aigle, le cygne,
la grue > **to scream**
-divulguer à grand bruit > **to trumpet**

UN TRONC
-partie d'un arbre > **a trunk**
-partie principale d'une ramification
(nerf, vaisseau…) > **a trunk**
-corps humain sans la tête et les
membres > **a torso**
-boîte fermée percée d'une fente
destinée à recevoir des dons dans une
église > **a collection box**

UN TROU
-creux > **a hole**
-perforation > **a hole**
-élément de parcours de golf > **a hole**
-(fam) localité isolée > **a hole**
-(fam) prison > **a slammer**
-(fam) tombe > **a grave**

(UN) TROUBLE
-contraire de limpide > **blurred**
-confus > **vague**
-suspect > **dubious**
--confusion, souci > **a confusion**
--discorde > **a discorder**
--anomalie de fonctionnement d'un
organe > **an impairment**

TROUBLER
-altérer la limpidité > **to cloud**
-perturber, déranger > **to disturb**
-déconcerter > **to confuse**
-interrompre le cours de qqch > **to
disrupt sth**

UNE TROUPE
-groupe de militaires > **a troop**
-groupe de comédiens > **a company**
-groupe de personnes plus
généralement > **a group**

UN TRUC
-astuce > **a trick**
-(fam) désigne qqch dont on ne
connait pas le nom > **a thing**

UNE TRUFFE
-champignon > **a truffle**
-nez de chien ou de chat > **a nose**
-friandise au chocolat > **a chocolate
truffle**
-(fam) personne niaise > **a dork**

UN TUBA
-instrument de musique > **a tuba**
-tube respiratoire des nageurs sous-
marins > **a snorkel**

UNE TUILE
-plaquette de terre cuite pour couvrir les toits > **a tile**
-petit gâteau plat > **a biscuit**
-(*fam*) évènement imprévu et fâcheux > **a bad luck**

UN TUTEUR
-personne chargée de surveiller les intérêts d'un mineur ou d'un incapable majeur > **a guardian**
-dans l'enseignement, élève plus âgé responsable d'un plus jeune > **a tutor**
-piquet qui sert à soutenir une jeune plante > **a stake**

TUTOYER
-dire tu > **to use the familiar form with**
-frôler, être proche de > **to get close to**

UN TUYAU
-conduit > **a pipe**
-tubulure souple > **a hose**
-(*fam*) renseignement > **a tip**

LE / UN TYMPAN
-membrane de l'oreille > **the eardrum**
--en architecture, arc des portails romans et gothiques > **a tympanum**

UN TYRAN
-souverain despotique > **a tyrant**
-personne qui abuse de son pouvoir > **a bully**
-oiseau > **a tyrant flycatcher**

UNE TYROLIENNE
-moyen de transport aérien > **a zip-line**
-pièce vocale > **a yodeling**
-habitante du Tyrol > **a Tyrolean**

Uu U u Uu

ooooooooooooooooooooooooooooooooooooooooooooooooooooooooooo

ULCÉRER
-causer une irritation, creuser un tissu
> **to ulcerate**
-écœurer, exaspérer > **to appal**

(UN) UNIFORME
-qui ne présente aucune variété >
even
--vêtement règlementaire > **a uniform**

UNE UNION
-association, regroupement > **a union**
-parti ou syndicat > **an association**
-mariage > **a marriage**

UNIQUE
-seul en son genre > **single**
-exceptionnel > **singular**
-impayable > **priceless**

UNE UNITÉ
-cohésion > **a unity**
-étalon > **a unit**
-individu au sein d'un ensemble plus
vaste > **a unit**
-troupe militaire > **a unit**

UNE URNE
-vase funéraire > **an urn**
-boîte électorale > **a ballot box**

UN USAGE
-emploi, utilisation > **a use**
-fonction, destination de qqch > **a
purpose**
-pratique habituelle > **a custom**
-ensembles des règles qui régissent
une langue > **a usage**

USÉ
-qui a subi une détérioration
progressive > **worn**
-fatigué > **worn-out**

UNE USURE
-détérioration progressive > **a wear**
-intérêt perçu au-delà du taux licite > **a
usury**
-fatigue, affaiblissement > **a worn
state**

Vv Vv Vv

ooooooooooooooooooooooooooooooooooooooooooooooooooooooooo

(UNE) VACHE
-méchant > **rotten**
--animal > **a cow**

UN VACHERIN
-fromage > **a vacherin cheese**
-gâteau > **a vacherin**

UNE / DE LA VACHETTE
-petite vache > **a young cow**
--cuir léger de jeune bovin > **calfskin**

(UN) VAGABOND
-qui erre çà et là > **wandering**
--clochard > **a vagrant**

VAGABONDER
-errer çà et là > **to wander**
-passer d'une chose à une autre > **to wander**
-divaguer, rêver > **to wander**

VAGIR
-crier en parlant du nouveau-né > **to cry**
-pousser son cri pour le lièvre > **to scream**
-pousser son cri pour le crocodile > **to grunt**

(UNE) VAGUE
-sans précision > **vague**
-ample pour un vêtement > **loose**
--ondulation de l'eau > **a wave**
--phénomène qui apparaît en masse et se propage > **a wave**
--masse importante de personnes qui se déplacent ensemble > **a flood**

VAILLANT
-courageux > **courageous**
-qui a une santé robuste > **healthy**

(UN) VAIRON
-se dit de yeux de couleurs différentes > **walleyed**
--petit poisson > **a minnow**

UN VAISSEAU
-bateau > **a ship**
-navette spatiale > **a spacecraft**
-tuyau sanguin > **a blood vessel**

UN VALET
-domestique > **a servant**
-figure de jeu de carte > **a jack**
-outil coudé pour maintenir le bois sur l'établi > **a clamp**
-cintre sur pied > **a valet**
-(péj) homme complaisant et servile > **a lakey**

UNE VALEUR
-prix > **a value**
-équivalent d'une quantité > **an equivalent**
-mesure mathématique > **a value**
-durée d'une note de musique > **a value**
-principe moral > **a value**
-gradeur d'âme, vertu, qualité > **a valour** (*UK*) / **a valor** (*USA*)

VALIDE
-en bonne santé > **fit**
-homologué > **valid**

UNE VALISE
-bagage > **a suitcase**
-poche sous les yeux > **a bag**

UNE VALSE
-danse > **a waltz**
-musique > **a waltz**
-succession rapide > **a spiral**

UNE VALVE
-appareil pour régler le mouvement d'un fluide dans une canalisation > **a valve**
-chacune des parties d'une coquille de coquillage > **a valve**
-chacune des parties d'un fruit sec qui s'ouvre pour laisser échapper les graines > **a valve**

UN VAN
-véhicule pour le transport des chevaux > **a van**
-minibus pour le transport des personnes > **a van**
-grand panier plat en osier à deux anses pour le vannage du grain > **a winnowing basket**

UNE VANITÉ
-suffisance > **a vanity**
-futilité > **a vanity**

UNE VANNE
-dispositif pour gérer l'écoulement de l'eau > **a valve**
-(fam) plaisanterie moqueuse > **a joke**

VANNER
-secouer le grain > **to winnow**
-(fam) fatiguer excessivement > **to wear out**
-(fam) se moquer > **to tease**

VAPORISER
-faire passer un liquide à l'état gazeux > **to evaporate**
-répandre en fines gouttelettes > **to spray**

UNE / LA VARIÉTÉ
-diversité, sorte > **a variety**
--ensemble des chansons populaires > **pop musique**

UN / DE LA VASE
-récipient pour les fleurs > **a vase**
--boue qui se dépose au fond de l'eau > **mud**

VASEUX
-qui contient de la vase > **muddy**
-mal réveillé > **woozy**
-pitoyable, médiocre > **pathetic**

DU / UN VEAU
-viande > **veal**
--animal > **a calf**
--(fam) véhicule lent et sans reprise > **a banger (UK) / a beater (USA)**
--(fam, péj) personne lourde de corps et d'esprit > **a lump**

UN VECTEUR
-organisme qui transmet un agent infectieux > **a carrier**
-élément mathématique > **a vector**
-élément qui véhicule qqch (maladie, information…) > **a vector of sth**

UNE VEDETTE
-artiste connu > **a star**
-bateau à moteur > **a launch**
-sentinelle militaire chargée de la sécurité d'un champ de tir > **a sentinel**

UNE VÉGÉTATION
-ensemble de végétaux > **a vegetation**
-en médecine, excroissance verruqueuse > **a lump**

UNE / LA VEILLE
-état de qqun qui ne dort pas > **a waking state**
-action de monter la garde > **a (night) watch**
-mode repos d'un matériel électronique > **a sleep mode**

--journée qui précède celle dont on parle > **the day before**

UNE VEILLÉE
-temps entre le dîner et le coucher > **an evening**
-réunion de personnes > **an all-night party**
-action de rester près d'un malade ou d'un mort > **a vigil**

VEILLER
-rester éveillé pendant le temps destiné au sommeil > **to stay awake**
-prendre soin de, protéger > **to keep watch of**
-faire en sorte de > **to make sure that**

UNE VEILLEUSE
-petite lampe de faible luminosité pour la nuit > **a night light**
-petite flamme d'un appareil à gaz > **a pilot light**
-feu de voiture > **a side light**

UNE VEINE
-vaisseau sanguin > **a vein**
-filon de roche > **a vein**
-trace dans une pièce de bois > **a vein**
-nervure très saillante de certaines feuilles > **a vein**
-inspiration artistique > **an inspiration**
-(fam) chance > **a luck**

(UN) VELOUTÉ
-doux au toucher > **smooth**
--potage onctueux > **a velouté**

VENDRE
-faire le commerce de > **to sell**
-céder un bien à un prix convenu > **to sell**
-promouvoir > **to promote**
-trahir par intérêt > **to betray**

VENIMEUX
-toxique > **poisonous**
-méchant, malveillant > **poisonous**

UNE VENTILATION
-aération > **a ventilation**
-installation permettant d'aérer > **a ventilation**
-respiration > **the ventilation**
-respiration artificielle de réanimation > **a mechanical ventilation**
-répartition > **an apportionment**

VENTILER
-aérer > **to ventilate**
-répartir certaines dépenses entre différents comptes > **to appportion**

UNE VENTOUSE
-ampoule de verre appliquée sur la peau > **a cupping glass**
-rondelle de caoutchouc adhérente par vide partiel > **a suction pad**
-organe de certains animaux pour se fixer > **a sucker**
-instrument d'extraction fœtale > **a vacuum extractor**
-déboucheur > **a plunger**

UN VENTRICULE
-cavité du cœur > **a ventricle**
-cavité du cerveau > **a ventricle**

UN VER
-animal > **a worm**
-parasite intestinal > **a worm**
-larve d'insecte > **a maggot**
-virus informatique > **a worm**

VERBALISER
-dresser un procès-verbal > **to give a fine**
-exprimer, formuler > **to verbalize**

UN VERBE
-mot grammatical > **a verb**
-parole > **a word**

UNE VERGE
-baguette flexible servant aux punitions corporelles > **a stick**
-tringle de métal > **a rod**
-pénis > **a penis**

DE LA VERMINE
-parasites externes de l'homme et des vertébrés > **vermin**
-individu vil et néfaste > **vermin**

UN VERNIS
-lotion protectrice > **a varnish**
-peinture pour les ongles > **a (nail) polish**
-apparence brillante mais superficielle > **a veneer**

DU / UN VERRE
-substance minérale transparente > **glass**
--récipient pour boire > **a glass**

(UN) VERS
-préposition qui indique la direction > **to**
-préposition qui indique l'approximation > **about**
--ligne en poésie > **a line**

UNE VERSION
-chacun des différents aspects que peut prendre un récit > **a version**
-exercice de traduction > **a translation**

VERT
-couleur > **green**
-se dit d'un végétal qui a encore de la sève > **green**
-alerte > **sprightly**
-se dit d'un vin trop jeune > **tart**
-qui n'est pas mûr > **green**
-qui a trait au mouvement écologiste > **green**
-qui contribue au respect de l'environnement > **green**
-débutant > **inexperienced**
-(fam) furieux > **furious**

LE / UN VERTIGE
-trouble ressenti au-dessus du vide > **the vertigo**
--trouble de la fonction d'équilibre de l'oreille interne > **a dizziness**
--exaltation, enivrement > **an elation**

UNE VERTU
-qualité > **a virtue**
-chasteté féminine > **a virginity**
-pouvoir, propriété > **a property**

UNE VÉSICULE
-organe > **a bladder**
-lésion cutanée > **a blister**

UNE VESTE
-vêtement > **a jacket**
-(fam) échec (prendre une veste) > **a cropper (to come a cropper)**

UN VESTIAIRE
-lieu où l'on dépose les manteaux > **a cloakroom**
-ensemble des objets et vêtements déposés au vestiaire > **one's thing from the cloakroom**
-local de salle de sport > **a changing room (UK) / a locker room (USA)**

UN VÉTÉRAN
-soldat ayant accompli un long service > **a veteran**
-sportif de la catégorie après senior > **a veteran**
-personne ayant une longue pratique dans une profession > **an old hand**

UNE / LA VIABILITÉ
-caractère durable > **a viability**
-bon état d'une route > **a practicability**
--ensemble des travaux d'aménagement à réaliser sur un terrain avant toute construction > **(pl) services**

VIBRANT
-qui vibre > **vibrating**
-enthousiaste et émouvant > **vibrant**

(UN) VIDE
-qui ne contient rien > **empty**
--absence d'air > **a vacuum**
--manque > **a lack**

VIDER
-retirer le contenu > **to empty**
-retirer les entrailles (*d'un poisson, d'un animal...*) > **to gut**
-faire évacuer > **to evacuate**
-(*fam*) épuiser > **to wear out**

VIF
-vigoureux > **lively**
-prompt dans la compréhension > **sharp**
-se dit d'une couleur intense > **bright**
-vivant > **alive**
-intense > **vivid**
-mordant, en parlant du froid > **crisp**

VILAIN
-laid > **ugly**
-méchant > **naughty**

VIOLENT
-brutal > **violent**
-d'une grande intensité > **strong**

VIOLER
-commettre un viol > **to rape**
-enfreindre > **to violate**

(UNE) VIOLETTE
-(*adj fem*) couleur > **purple**
--fleur > **a violet**

UNE VIPÈRE
-serpent > **an adder**
-personne médisante > **a nasty piece of work**

UN VIRAGE
-changement de direction > **a turn**
-partie courbe d'une route > **a bend**
-changement d'attitude, de pensée > **a shift**
-en chimie, changement de couleur d'un réactif > **a change in colour (UK) / a change in color (USA)**
-en photo, opération pour transformer une image en noir et blanc en une image en couleur > **a toning**

VIRER
-changer (*de direction, d'idée, d'aspect, de couleur, de goût...*) > **to turn**
-changer de direction avec un bateau > **to swing**
-transférer de l'argent > **to transfer**
-changer de couleur lors d'une réaction chimique > **to change colour (UK) / to change color (USA)**
-en médecine, positiver sa cuti-réaction > **to come positive**
-(*fam*) se débarasser de qqch > **to get ride of sth**
-(*fam*) expulser qqun d'un lieu > **to get rid of sb**
-(*fam*) renvoyer qqun d'un travail > **to lay sb off**

UNE VIRGINITÉ
-absence de premier rapport sexuel > **a virginity**
-pureté, candeur > **a purity**

VISER
-diriger une arme vers > **to aim at**
-avoir un objectif en vue > **to aim for**
-concerner > **to target**
-marquer d'un visa > **to stamp**

UNE VISIÈRE
-pièce de casque qui se hausse ou se baisse à volonté > **a visor**
-partie de la casquette qui protège le front > **a visor**
-protection pour le soleil > **a visor**

LA / UNE VISION
-capacité sensoriel de voir > **the vision**
--conception > **a (point of) view**
--hallucination > **an hallucination**

UN VISON
-animal > **a mink**
-manteau de fourrure en vison > **a mink (coat)**

UNE VITESSE
-rapidité > **a speed**
-chacune des combinaisons d'engrenage d'une boite de vitesse > **a gear**

UNE VITRINE
-devanture de magasin > **a shop window**
-ensemble des objets mis en devanture > **a window display**
-armoire sous verre pour exposer des objets > **a display cabinet**
-représentation > **a showcase**

VIVABLE
-où l'on peut vivre commodément > **liveable**
-supportable > **bearable**

UNE VIVACITÉ
-entrain > **a liveliness**
-promptitude à comprendre > **a sharpness**
-intensité > **a brightness**
-caractère soudain et brusque d'une action > **an intensity**

UNE VOIE
-chemin > **a way**
-subdivision longitudinale de la chaussée > **a road**
-partie de quai dans une gare > **a platform**

UN / UNE / LA VOILE
-étoffe de protection > **a veil**
-tissu léger et fin > **a net**
-élément qui fait paraître plus flou > **a fog**
-déformation accidentelle > **a warp**
--toile permettant à un bateau d'avancer grâce à la force du vent > **a sail**
---pratique sportive de la navigation > **sailing**

VOILÉ
-recouvert d'un voile > **veiled**

-caché, dissimulé > **obscure**
-déformé > **warped**
-déformé pour une roue > **buckled**

UN VOILIER
-bateau à voile > **a sailing ship**
-poisson > **a sailfish**
-ouvrier qui confectionne ou répare des voiles de navires > **a sail maker**

LA VOIRIE
-ensemble du réseau des voies de communications terrestres, fluviales et aériennes appartenant au domaine public > **the road network**
-service d'entretien des routes > **the road maintenance**
-service d'enlèvement des ordures ménagères et nettoiement des rues > **the refuse collection (***UK***) / the garbage collection (***USA***)**

(UN) VOISIN
-qui habite à proximité > **next door to**
-proche, ressemblant > **similar**
--habitant qui vit à côté > **a neighbour (***UK***) / a neighbor (***USA***)**

UN VOISINAGE
-proximité, environs > **a vinicity**
-ensemble des voisins > **a neighbourhood (***UK***) / a neighborhood (***USA***)**

UNE VOIX
-ensemble des sons produits par les cordes vocales > **a voice**
-suffrage > **a vote**
-forme grammaticale > **a voice**

UN VOL
-déplacement dans l'air > **a flight**
-délit > **a theft**

(UN) VOLANT
-qui peut voler > **flying**
-mobile > **mobile**
--instrument pour manœuvrer un mécanisme > **a steering wheel**

--bande de tissu froncé > **a flounce**
--balle pour certains jeux de raquettes > **a shuttlecock**
--membre du personnel navigant d'un avion > **a flight staff member**

VOLER
-se mouvoir dans l'air > **to fly**
-se précipiter > **to rush to**
-dérober un objet > **to steal**
-dépouiller qqun > **to rob sb**

UN VOLET
-fermeture de fenêtre > **a shutter**
-feuillet d'un dépliant > **a section**
-partie d'un ensemble > **a part**
-mécanisme d'aile d'avion servant à modifier les caractéristiques aérodynamiques > **a flap**

(UN) VOLONTAIRE
-déterminé > **determined**
-qui se propose pour une mission > **voluntary**
--personne qui se propose pour une tâche > **a volunteer**

DE LA VOLTIGE
-acrobatie équestre > **vaulting**
-exercices d'acrobatie (*au sol, sur cheval…*) > **(*pl*) acrobatics**
-acrobaties aériennes > **(*pl*) aerobatics**

UN VOLUME
-livre > **a volume**
-espace en trois dimensions > **a volume**

-quantité > **an amount**
-intensité d'un son > **a volume**

(UN) VOYANT
-qui attire l'œil > **conspicuous**
--bouton lumineux > **a (warning) light**
--personne extralucide > **a clairvoyant**

VRAIMENT
-réellement > **really**
-marque d'intensité > **really**
-exprime le doute > **really?**

UNE VRILLE
-organe porté par certaines plantes et qui s'enroule autour des supports > **a tendril**
-queue du sanglier > **a boar's tail**
-figure de voltige > **a spin**
-outil pour percer le bois > **a gimlet**
-figure de gymnastique > **a twist**

LA / UNE VUE
-un des cinq sens > **sight**
--faculté de voir > **a sight**
--panorama > **a view**
--conception > **a (point of) view**

VULGAIRE
-ordinaire, commun > **common**
-grossier > **vulgar**

(UNE) VULVAIRE
-relatif à la vulve > **vulvar**
--plante malodorante > **a stinking goosefoot**

Yy Yy Yy

ooooooooooooooooooooooooooooooooooooooooooooooooooooooooo

UN YOUYOU
-petite embarcation **> a dinghy**
-cri des femmes arabes **> an**
 ululation

Zz Zz Zz

ooooooooooooooooooooooooooooooooooooooooooooooooooooooooo

ZAPPER
-passer d'une chaine à une autre > **to zap**
-passer d'une chose à une autre > **to flit from one thing to another**
-(*fam*) oublier > **to forget**

UN ZÈBRE
-animal > **a zebra**
-(*fam*) individu bizarre > **a fellow**

UN ZESTE
-écorce des agrumes > **a peel**
-très petite quantité de qqch > **a touch**

DU / LE / UN ZINC
-métal > **zinc**
--élément chimique > **zinc**

---(*fam*) avion > **a plane**
---(*fam*) comptoir > **a bar**

UNE ZIZANIE
-discorde > **a mischief**
-graminée aquatique > **a zizania**

UN ZIZI
-(*fam*) sexe > **a Willy**
-oiseau d'Europe méridionale > **a cirl bunting**

UN ZOUAVE
-soldat de corps d'infanterie des années 1830 > **a Zouave**
-clown, pitre > **a fool**